中公クラシックス J31

高坂正堯

宰相 吉田茂

JN232814

中央公論新社

目次

『宰相 吉田茂』の魅力

中西 寛

少壮気鋭の登場

本書は国際政治学者高坂正堯（こうさかまさたか）（一九三四〜一九九六）が一九六四年から六七年にかけて雑誌『中央公論』において公表した七編の論考を集めて、一九六八年に中公叢書として公刊された作品である。それらの論考、とりわけ最初の「宰相吉田茂論」が公表された時には鮮烈な衝撃を与えた。戦後日本政治を対象とした学者による分析はほとんどなく、あってもマルクス主義や進歩派知識人による保守政治批判が大多数だった当時に、まだ三十歳に満たない少壮の学者が吉田茂という戦後保守政治の基盤を築いた老政治家を真正面からとりあげ、批判を交えながらも大筋においてその首相時代のリーダーシップをあえて評価したのである（当時においては、学者や知識人にとって保守政治家を批判する方が肯定的に評価するよりもよほど安全であった）。その後、著者による論考が積み重ねられていくとともに衝撃は受容へと変わり、本書は吉田茂研究の、また戦後日本政治研究のパイオニア的作品として位置づけられるようになった。

本書が一つの刺激となって、今日までに吉田茂に関する伝記やその事績に関する膨大な研究が積み重ねられている。その中には本書よりも詳細で、歴史的事実に関して正確な著作ももちろん存在する。とりわけ、高坂の京都大学での師の一人であった猪木正道(いのきまさみち)とアメリカの日本史研究者ジョン・ダワーが七〇年代末に相次いで公刊した著作、『評伝吉田茂』(全四巻、読売新聞社、現在はちくま学芸文庫に収録)と『吉田茂とその時代』(全二巻、ティビーエス・ブリタニカ、その後中公文庫に収録)とは吉田茂の伝記としては前者が吉田に肯定的、後者が否定的という意味でも好対照をなす双璧である。しかしこの二著を含めた大量の吉田茂研究を前にしても、『宰相 吉田茂』は依然として乗り越えられていない独自の価値を保っている。それは、独特の簡潔で平明な文体の中に鋭い洞察がちりばめられているという高坂政治学のエッセンスが本書に凝縮されているからである。敢えて言えば、高坂は吉田茂の評伝という形を借りて、高坂自身の戦後日本政治に対する評価を下した。この戦後日本政治に対する評価の鋭さ、バランス感覚こそが本書を際だたせているものであり、刊行されて約四〇年たってなお、本書が新鮮さを失わない希有な存在である理由である。

この希有な著作が成立するにあたっては、著者の才、時代環境、そして両者を結びつけた時の氏神とでも呼ぶべき存在が組み合わされる必要があった。

まず著者高坂正堯という才能はいかに育まれたか。この点は父高坂正顕(まさあき)の影響を抜きにしては考えられない。正顕は京都大学において西田幾多郎門下で学び、カント研究から歴史哲学の研究へと進んだ哲学者であった。しかし太平洋戦争期に同僚と共に海軍に協力して言論報国会の理事となり、また世界的視野から日本の戦争目的を意義づけようとした『世界史的立場と日本』座談会に参加したこともおそらく影響して、戦後、追放処分を受けた。正堯は幼少時、自宅で著述に専念する父と共に多くの時間を過ごし、教養の基礎を授けられた。正堯の二歳下の弟、高坂節三（せつぞう）氏の著作に転載された正堯の回想によれば、正顕は正堯に対して哲学や現実の話ではなく、歴史や文学の話をした。「公職追放中の父と親しく付き合い、私はイギリスについて学ぶことができた。国際政治を専攻する素地はこのとき培われた」と正堯自身が語っている（高坂節三『昭和の宿命を見つめた眼　父・高坂正顕と兄・高坂正堯』ＰＨＰ研究所、二〇〇〇年、一九三頁）。

　推測するに、正堯は父を尊敬しつつも、同時に哲学者の父が戦争を理念の問題として捉えたことに反発したのではないだろうか。正堯が政治を理念やイデオロギーからではなく、あくまで実践の問題として捉えようとした、すなわち現実主義の立場を選択した根源はこの父との関係にあると言えるかも知れない。

　高坂はやがて京大法学部に入学し、猪木正道や田岡良一（たおかりょういち）に学ぶ。猪木は戦前、東京帝国大学経済学部で、自由主義者として指弾された河合栄治郎（かわいえいじろう）に学び、戦後にはマルクス主義礼賛の風潮に反発して共産主義の独裁的体質を早期に指摘した政治学者である。田岡は東大の横田喜三郎（よこたきさぶろう）とならぶ国際法の碩学であり、猪木同様、戦前から一貫した自由主義者でありながら、戦後進歩主義の風潮には批判的であった。高坂にとっては猪木や田岡のこうした立場は父正顕に近く、親しみのもてるものだったのだろう。卒業後、成績優秀のためにただちに助手に採用された高坂は、ウィーン体制をテーマに田岡の下で助手論文を作成した。この論文は、後に『古典外交の成熟と崩壊』（中央公論社、一九七八年）の前半部分の基礎となる。この時既に、高坂は外交文書を精密に分析した上で、国際秩序についての理論的探究と組み合わせるという独特の国際政治学の手法を自らのものとしていたと言えよう。

助手論文を完成させ、京大助教授に採用された高坂は、一九六〇年九月から二年間、アメリカのハーヴァード大学の客員研究員として留学する。受け入れ先は中国研究の泰斗、フェアバンクであったが、特に義務はなく、自由に研究を行える環境だった。この時、フェアバンクの下で博士論文を準備していたのが高坂と同年齢で、後にシカゴ大学、ハーヴァード大学で国際関係史の教授となる入江昭（いりえあきら）である。入江もまた国際法と外交を専門とした研究者、入江啓四郎の息子であり、高坂の留学中に親しくつき合った。また、この時、丸山真男も滞在し、高坂は入江や丸山と日本の外交政策をめぐって意見を交わしたらしい。この経験が高坂にとって論壇に踏み出すきっかけとなった。

編集者粕谷の依頼

六二年秋、帰国して東京に滞在中の高坂を、雑誌『中央公論』の編集次長・粕谷一希（かすやかずき）が訪ねた。

粕谷こそ、「宰相吉田茂論」を生み出す「時の氏神」となる人物である。高坂よりも四歳年長の粕谷は、戦後の左翼的論調に違和感を覚えながらも、戦前から仕事をしている古い世代によってしか左翼批判の議論がなされないことに不満を感じていた。高坂正顕の息子が東京にいると聞いて会いに行ったのもそうした感覚があったかららしい。粕谷の回想によれば、この時、粕谷は高坂の軽快で明晰な口調に魅せられると共に、アメリカで丸山と意見が合わなかったことを聞かされて興味を持った。高坂を促して『中央公論』に寄稿させたのが、「現実主義者の平和論」で、戦後育ちの世代が戦後平和主義に疑問を呈しているというので、公表されると同時に知識人の間で注目を集めた（粕谷一希『中央公論社と私』文藝春秋、一九九九年）。

そこで粕谷が高坂に持ちかけたのが、吉田茂の評価を書く話だった。アメリカ留学中、戦前日本の外交史料をマイクロフィルムで読むうちに、吉田茂が外交官時代に書いた文書に感心したという話を高坂がしたのがきっかけだった。粕谷の回想では吉田の奉天総領事時代の文書ということになっているが、高坂自身は駐英大使時代のものと回想している（粕谷前掲書、「瓦礫の中に今日を見た吉田茂」一九七九年、『高坂正堯著作集』都市出版、二〇〇〇年、第四巻収録）。いずれが正しいか、あるいは両方について高坂が語り、一方ずつを覚えていたのか分からないが、当時は戦前日本の外交文書は連合国に接収され、アメリカでしか閲覧できない状態だった。歴史に興味のある高坂がハーヴァードでこの史料を見たことは自然だったといえよう。

粕谷の誘いに対してこの時の高坂は慎重だったという。「現実主義者の平和論」は国際政治学者としての研究の延長線上にあるのに対し、吉田の評伝は、日本史、日本政治ということで分野が違うことがためらいの理由だったのではないだろうか。しかし結局、粕谷が調査を助けるという条件で高坂は引き受け、吉田の首相時代を知る宮澤喜一などにも面会した。最後は大磯に暮らす吉田を高坂と粕谷で訪れた。具体的な質問はおおむねはぐらかされたが、吉田は気に入ったようで異例なほど長時間話し込んだ。

転換点だった一九六四年

こうした準備の末、「宰相吉田茂論」の原稿が書き上げられた。高坂の回想によれば、完成はケネディ暗殺（一九六三年十一月二十二日）の報を聞く直前だったらしい。公表は翌年一月である。この論文が出た一九六四年は、日本にとって転換点とも言うべき年だった。日米安保改定をめぐる激しい政治闘争から四年が過ぎ、池田勇人政権下で日本人は安定を享受し、敗戦で失った自信を高度成長によって回復しつつあった。この変化を象徴するのがこの年夏に開催された東京オリンピックだった。

実際、この頃には戦後日本の知識人に一般的だった「悔恨共同体」意識の転換を示す著作が次々と著されている。たとえば六三年には竹内好（たけうちよしみ）が筑摩書房の現代日本思想大系の一冊として編纂した『アジア主義』が公刊され、また林房雄（はやしふさお）による「大東亜戦争肯定論」が一九六三年から六五年にかけて『中央公論』に連載される。これは左右の立場から近代日本の西洋諸国およびアジアとの関係を再考しようとする試みであった。さらに六四年五月には、丸山真男の『現代政治の思想と行動』の増補版が未来社から刊行され、その「増補版への後記」には、有名な「私自身の選択についていうならば、大日本帝国の『実在』よりも戦後民主主義の『虚妄』の方に賭ける」という言葉が記される。同じ頃、政治学者の升味準之輔（ますみじゅんのすけ）は戦後日本について、左右社会党の統一と保守合同が起きた一九五五年を転換点と捉える論文「一九五五年の政治体制」を雑誌『思想』六月号に発表し、やがて「五五年体制」という言葉が一般化するきっかけを作る（大嶽秀夫『高度成長期の政治学』東京大学出版会、一九九九年）。

要するに敗戦後二〇年近くたち、占領、講和独立、日米安保とその改定、高度成長などの様々な変動を経た日本人は自らのアイデンティティを見直すべく、戦争と戦後とは何であったかという問いに対する答えを求めていたのである。高坂の「宰相吉田茂論」はこうした渇望に対する答えをまさに絶好のタイミングで提供するものであった。そこにこの論文が大きな注目を浴びた時代的背景があると言えよう。

「宰相吉田茂論」の内容については読者の理解に委ねたい。今日から見れば、吉田を職人的な外交官、親英米派、「臣茂」という言葉に代表される保守主義者、として特徴づけ、軽武装で経済中心の路線を目指したという捉え方にはさほど驚きはないかも知れない。しかしそれは高坂のこの分析が広く受け入れられ、今日では正統的な見解として地位を確立しているからである。

この論文が書かれた当時、首相時代の吉田に関する資料としては吉田自身の回想録『回想十年』や宮澤喜一による『東京―ワシントンの密談』（実業之日本社、一九五六年、現在は中公文庫に収録）などわずかしか存在しなかった。本論文ではこうした回想録にあった事実の間違いが含まれている。たとえば吉田がダレスと再軍備をめぐって激しくやり合ったのは一九五〇年六月のダレス初来日の際ではなく、翌年一月のダレスの第二回訪日の際であったことが分かっている（五九頁）。また、ダレスとの交渉のために吉田が命じて「無防備中立地帯案」を研究させたのは、一九四七年頃ではなく、一九五〇年後半のことである。しかしこうした細部の誤りを除けば、吉田の政治指導に対する高坂の評価は幅広く、洞察に満ちている。

たとえば筆者は今回この論文を再読して、占領改革に対する評価のバランス感覚に改めて感銘を受けた。高坂は、ロナルド・P・ドーアの評価を引用しつつ、占領改革として行われたもののいくつかが、日本の工業化、都市化の結果として必要とされたものであり、日本社会にも改革を受け入れる素地があったことを認める。しかし高坂は、農地改革や学制改革の例を引きながら、日本の中にそうした改革を望む声があったにもかかわらず、改革を開始するためには占領軍という外圧が必要だったのであり、「だれが、何を、どうして」おこなうかが政治という問題である以上、占領改革はやはり外からの改革にしかならなかったと指摘する。しかも学制改革の場合、吉田の頑固な抵抗と側近政治に頼るという弊害が、ことさらに占領軍による圧力を強め、「外からの改革」という印象を強めてしまったのである。それゆえ、占領改革は、当時の日本において適切な内容を含みながらも、政治的に完全な正当性を持たないという「奇妙な革命」にとどまった（四〇―四六頁）。これは不幸な事態ではあったが、それを含めて吉田の遺産として受け取らざるを得ない、というのが高坂の戦後体制への評価である。こうした捉え方は憲法や教育基本法の改正が改めて論議されている今日においても顧みられるべき判断が含まれているように思う。

また、吉田による講和外交の最大の代償として中国との関係を挙げている点も興味深い。最近まで、台湾国民党政権の承認を望む米議会の意向を受けたダレスによって吉田は国民党政権との講和を押しつけられたとの見方が一般的であった。高坂もこの点は指摘している（六四頁）。しかし最近の史料公開で明らかになってきたのは、吉田が大陸中国との講和を望んでいた訳では必ずしもなく、むしろ中国をソ連と離間させ、国際社会に引き出す戦略的視点から中国への接近を考えていたという点である。この点では、吉田の対中政策はアメリカのそれと完全に対立するものではなかった。高坂は、吉田の対中政策のこうした側面を感じとって分析した上で、「吉田茂の中国に対する考え方は決して確固たるものではなく、ゆれ動き、ときには矛盾するものであったように思われる」と指摘している。管見では、吉田の対アジア観、特に対中国観こそは吉田外交の評価の中でいまだに未解明のテーマであるだけでなく、この点について未解明であることが、今日の日本のアジア外交にとっても無視できない影響を与えているように思う。このように考えると高坂の短いが鋭い指摘には改めて驚かされる。

吉田政治の特徴

この「宰相吉田茂論」によって高坂は論壇のホープとして広く認知され、『中央公論』をはじめとする論壇誌に次々と論文を発表するだけでなく、政治家やまだ新しかったテレビとのつき合いが広がっていく。特に六四年十一月に池田の病気引退に伴って首相の座についた佐藤栄作とは信頼関係を築いた。吉田を深く尊敬していた佐藤はこの吉田論に早速注目し、折に触れて高坂の意見を聞くようになった。とりわけ佐藤が沖縄返還に本腰を入れ始めると、高坂を中心的なブレーンの一人として迎え、国際政治の観点から沖縄返還と日米安保体制の両立について理論武装の助けを乞うた。

また、吉田もこの少壮の学者が気に入ったらしい。六五年八月にはNHKの特別番組で高坂は歴史家の萩原延寿（はぎわらのぶとし）と共に吉田の「わが外交を語る」という番組の対談相手を務めている（その記録は吉田茂記念事業財団編『人間吉田茂』中央公論社、一九九一年に収録）。また、この頃吉田のノーベル平和賞受賞を支援する活動が起こり、その一環として著名な国際百科事典『エンサイクロペディア・ブリタニカ』の増補版に吉田が日本近代史を通観した文章を寄稿することになったが、吉田はそのゴーストライターとして高坂を指名したらしい。その内容は後に『日本を決定した百年』（日本経済新聞社、一九六七年）として公刊された。このことについて高坂自身の証言はないが、文庫版の解説において粕谷が内容から見て高坂の筆になる、との確信を表明しているし、筆者も同意見である（吉田茂『日本を決定した百年』中公文庫、一九九九年、粕谷一希「解説」）。

こうして高坂の「宰相吉田茂論」は内容においても、社会的受容の面でも大変な成功を収めた。しかし高坂自身が繰り返し強調しているように、いかなる成功にもマイナス面ないしは留保が存在するし、そのことはこの論文にもあてはまるだろう。この論文が吉田再評価として余りにも強い印象を与えたために、この論文に含まれていた高坂の吉田政治に対する批判や留保は軽視された。またこの論文以降に高坂が示した吉田政治に対する評価の変化もそれほど意識されなかった。さらに本書が、「宰相吉田茂論」と、吉田茂死去（一九六七年十月二十日）を受けて高坂が書いた追悼論文「偉大さの条件」（初出『中央公論』一九六七年十二月号）とによって他の論考がサンドイッチされる構成となったために、もっぱら吉田茂に対する評伝として受けとめられることになった。しかし実際には、「吉田茂以後」（初出『中央公論』一九六七年八月号）は吉田政権以降の各首相が吉田の正負両面での遺産をどのように受け継いだかを論じ、「妥協的諸提案」に収められた三論文（初出は順に『中央公論』一九六五年十二月号、一九六七年十一月号、一九六六年六月号）は日本政治の問題点を政治学的視点から分析した内容であり、吉田評価とは別のテーマを扱っているのである。

これら諸論考には様々な内容が含まれているが、一貫したテーマを取り出すとするなら、民主的体制下での政治的リーダーシップのあり方に関する検討であったと言えるだろう。高坂は吉田が世論との対話を怠ったことを吉田政治の最大の弱点として指摘した。その上で、吉田の後継者たちがこの問題にいかに対処したかを扱ったのが「吉田茂以後」の論文である。鳩山は人気が高かったが保守合同による政権安定を達成した以上には目立った業績は挙げられず、その後の石橋政権も短命に過ぎた。後継の岸は典型的な官僚であり、その指導スタイルは「閉ざされた政治」という性格を強く持っていた。対して池田は経済発展を望む国民の意識を感じとって、「所得倍増政策」を掲げ、政治の季節から経済の季節へと人々の感覚を転換させることに成功した。この点を高坂は評価するが、しかし経済中心の政治には限界ないし逆説があることを見逃さない。経済発展に成功することは、逆に人々に経済以外の価値を求めさせることになるからである。

従って、経済成長以外の目標を掲げうるか否かが特に池田政権以降の課題となるのであった。そこで高坂が強く警告するのは、左右の勢力が情緒的なナショナリズムに訴えて、内政外交をイデオロギーや宣伝の場とする危険であった。当時の高坂はこうした情緒的なナショナリズムこそが合理的な対外政策にとっての最大の危険であると考えていたのであり、吉田に対する高評価の一つの理由は、吉田が保守主義者でありながらナショナリストではなかった点にあった。それでは高坂は、経済中心主義でもなく情緒的ナショナリズムにも頼らない、政治のあり方を提示しえただろうか。

高坂が提示する一つの解答は、大きなシンボルに頼るのではなく、実務的で静かな形で政治を営むという、ある意味で古典的なイギリス議会主義をモデルとしたものであった。「妥協的諸提案」の三論文は、国会やメディアをテーマに、スローガンやきまり文句ではなく、より実務的な言葉で政治が議論されることを期待するものである。

　率直に言ってこれらの論考における高坂の分析は鋭いが、提言については今ひとつ具体性を欠いている印象がある。これは、高坂の関心が国際政治や歴史、政治外交におけるリーダーシップにあり、二十世紀の政治学が対象としてきた政治体制や政治過程の分析ではなかったことと関係があるのだろう。こうした点は高坂よりも年長だが、論壇デビューは少し遅かった永井陽之助（ながいようのすけ）の方がより専門的な知見を持っていたし、高坂よりも後の世代の政治学者はアメリカ流の政治分析を導入して日本政治を分析するようになった。しかし彼らによっても、日本の政治が討論を通じて問題に合理的な解決を与える仕組みを持つことはいかにして可能かという課題に明確な解決策は提示されていないように思える。少なくともこの問題は、今日においても日本政治の根本的な課題として残っている。

　高坂が提示するもう一つの解答は、合理的な安全保障政策を検討し、「独立」や「自主」といった抽象論ではなく、具体的、実際的な見地から日本の備えるべき軍事力を提示するという方策であった。この点は、「宰相吉田茂論」から「偉大さの条件」までの間に高坂の意識が最も大きく変化した点ではないだろうか。前者において高坂は、吉田の基本的な国際政治観を「商人的」と呼び、軍事力について過大評価も過小評価もしなかったと論じながらも、吉田が国際関係を経済的視点から捉えていた側面を強調していた。しかし後者では、最初の論文での吉田評価を繰り返しながらも、吉田の選択を「吉田体制」にまで高めてはならないとニュアンスを変えている。この変化の背景には、実際に吉田から、『経済中心主義の外交』なんてものは存在しないよ」と聞かされたことも影響があるだろう（二五八頁）。しかしそれ以上に高坂自身が、「経済中心主義」という言葉がイデオロギー化し、現代の国際政治においても軍事力が果たしている一定の役割についての過小評価を招いているとの懸念を強めたことがあったと思われる。「吉田体制」に対する留保は、戦後体制が変わらなければならないという意識が高坂の中で高まった表れなのである。

七〇年代から死の直前まで、高坂は日本の安全保障政策を合理的なものとすると共に、日本人に安全保障の重要性を説くことに力を尽くした。同時に、吉田に関する評価においても、本来は軍事力の役割を評価しており、講和独立期の再軍備への抵抗は当時の状況によって余儀なくされたものであり、六〇年代には日本人に軍事防衛の重要性をもっと説くべきであったと後悔していたことを強調するようになる（たとえば、「『吉田政治』と日本の選択」一九八一年、『高坂正堯著作集』都市出版、二〇〇〇年、第四巻収録）。

高坂の死と相前後して講和独立期の外交文書がかなり公開されるようになり、従来以上に、講和独立期の吉田が安全保障問題にきわめて強い関心を持ち、真剣に検討したことが明らかになったことは、高坂の吉田論に対する近年の重要な修正点であると筆者は考えている。一言で言えば、吉田はアメリカからの大規模な再軍備要求に抵抗したが、それは日本のペースでの再軍備を目指すものであって原則的な軍備の拒否ではなかったのである。

こうして本書については、今日の視点からみればいくつかの修正されるべき点を指摘できる。しかしそれらを含んでなお、本書は傑作といってよい。本書に対する評価としては、高坂節三氏の掲げる、父正顕が本書の刊行に対して送った手紙の言葉ほど適切な表現はないだろう。「今度の『宰相吉田茂』はあなたの善いところがくっきりと出ていてMasterpieceだと言ってよい。お目出度う。お父さんも嬉しい。第一に、歴史を見る眼がしっかりしている。（中略）歴史は甦らすことだ。そして殺すことではない。第二。そこまでは割にやりいいが、むつかしいのは、適切な評価をすることだ。これには勇気と知恵がいる。しかしそれがかなりしっかりと出来ているように思う。尤も二、三十年あとからしては、また動く点も出て来よう。しかしそれが歴史というものだ。自分も豊かになるし、世の中も少しはかしこくなることもある。その逆もあるが。」（高坂節三前掲書、三〇八頁）。

高坂は吉田の業績を、たとえそれを批判し、乗り越えようとする者にとっても否定することができない日本人共通の遺産と表現した。本書に対しても同様の評価が与えられるべきであろう。我々が日本の政治と外交を後退させるのではなく、前へ進めようと願うなら、本書は戦後日本の共通の遺産として吟味され続けるべき作品なのである。

（京都大学大学院教授）

凡例

一、本書は、小社既刊の中公叢書『宰相 吉田茂』（一九六八年二月刊）を編集しなおしたものである。
一、表記については、一部人名や漢字に振り仮名を加えるとともに『』や・の記号を補った場合がある。

宰相　吉田茂

宰相吉田茂論

戦後を作った政治家

昭和二十六（一九五一）年九月九日、サンフランシスコ講和条約と日米安全保障条約が調印された翌日、吉田茂は外務省の随員たちと上機嫌で昼食をとっていた。彼は七カ月前のＪ・Ｆ・ダレスとの交渉のやつれから完全に回復してはいなかったが、しばらく断っていた葉巻を手にして、「君たちは良くやった。自分が若いころパリー平和会議に行ったときよりも、君たちの活躍の方が上だ」と、珍しく随員たちを褒めていた。実際、そこには自己の歴史的役割を果した人間の機嫌の良さがあふれていた。

しかし、彼の気持は決して単純なものではなかっただろう。彼が一随員として出席したパリー平和会議は、第一次世界大戦のあと、日本の国際的地位がもっとも高かったときであった。日本は戦勝国であったし、五大国のひとつに数えられていた。しかし、その後の軍事的冒険の結果、日本の国際的地位は急速に下落して行った。そして、彼が首席全権として臨んだサンフランシスコ平和会議において、日本は戦敗国であり、講和条件を言い渡される側であった。彼の責任は比較にならぬほど重く、与えられた仕事ははるかに困難なものであった。だから彼は言いたかったのだろう。パリー平和会議のときは遊びに行くみたいなものだったが、今度は大変な仕事だった。それにしてはよくやったじゃないか。

実際、サンフランシスコ講和は、吉田茂が彼の最高の情熱を傾けた戦後処理という仕事の総決算としてなされたものであった。サンフランシスコの講和会議の五年前、昭和二十一（一九四六）年五月に、空襲で焼けた国土と戦争に疲れた経済を持つ日本の首相になったとき、彼は牧野伸顕伯の孫婿である武見太郎医博に、「戦争で負けて外交で勝った歴史はある」と語っていた。それ以来、どのような和平を結ぶかということは、彼にとってもっとも重要な問題であった。そのためには、まず日本人の生活を維持しなくてはならなかった。また、日本の経済を復興させなくてはならなかった。

そして、日本の復興の方法について、占領軍との意見の調整も必要であった。しかし、それらの努力を通じて、つねに彼の頭には、戦後処理という仕事が大きな比重を占めていた。やがて、ダレスとの間に講和条約の交渉が始まったとき、彼は全力を傾けた。これらの努力の総決算がサンフランシスコの講和となったのである。

もちろん、それは坦々とした道ではなかったし、重大な決断も下さなくてはならなかった。とくに、多数講和をとり安全保障条約を結んで西側の一員として国際社会に復帰するか、全面講和と永世中立が可能となるまで待つかという決断は実に重大なものであった。彼は第一の道をとり、それによって日本の基本的進路を定めたのである。それは当然、戦後の世界の形を大きく左右することになった。

したがって、この講和条約と安保条約をめぐって、日本の内外で意見が分かれ、激しい議論が展開されたことも当然であった。とくに、日本国内では、安保条約か中立かという議論が激しくつづけられていた。そして、国論はその後も一致せず、外交路線と外交論議は平行線を辿りつづけることになったのである。しかし、彼は安保条約の締結に関して、「歴史に対していつまでも責任をとる」覚悟と自信を持っていた。それ故に安保条約には彼だけが署名して、責任の所在を明らかにしたのであった。

それは、ある仕事に自己の全てを注ぎ込んだ人間のみが持つことができる信念であった。彼は、自分が「戦後を作った政治家」であることを意識していたし、そこに責任と自信と誇りとを感じていた。だから、政治家としての彼は、彼がどのような戦後を作ったかということによって評価されなくてはならない。はたして彼は「戦争で負けて外交で勝った」であろうか。

まず、われわれの注意は、戦後のあの混沌とした時代に、「戦争で負けて外交で勝った歴史はある」と言うことができた人物に向けられなくてはならない。これまで、吉田茂は評論家と知識人によって、恐ろしく不当に扱われて来た。吉田の独善ぶりと頑固さは、まるできまり文句のようにくり返されて来た。しかし、それは裏を返せば決断力と信念の固さということではないだろうか。そして、彼は長所と短所を含めたすべての能力を投入して、ひとつの仕事に傾倒して来たのではないだろうか。吉田は国際政治について確固たる哲学を持ち、その哲学が指し示す地位を日本に与えようとしたのだ、と私は思う。

これまで、彼は思想を持っていないと言われて来た。しかしはたして、思想を持たない、権力欲の強い官僚が、あの軍国主義盛んなりしときに、最後まで孤塁を守って日独防共協定に反対したりするだろうか。また、彼の軍閥への反対は、まるで頑固さとエリート意識によるものに過ぎないかのように扱われて来た。しかし、人はそれだけの理由で、自らの公的生活を棒に振り、逮捕される危険を冒すであろうか。彼は確固たる哲学を持っていた。それは彼の人物と職業にしみ込んでいたから、思想として理解され難かっただけなのである。それは戦前には理解されなかった。そしてもし、今もなお理解されていないならば、きわめて不幸なことである。

なぜなら、この哲学は戦後彼と日本の国民によって実現されて行ったし、今日の日本はその上に立っているからである。われわれはそれを確認しさえすれば良いのだ。この点で、再軍備に対する彼の態度は重要な意味を持っている。彼は、「再軍備は致しません」と言いながら、徐々に再軍備をすすめたことを非難されて来た。しかし、この苦しい詭弁(きべん)を彼がくり返したのには、それだけの必要性があり、それだけの効用があったのではないだろうか。安保条約は軍事同盟として批判されて来た。しかし、現在の同盟が単なる軍事同盟ではなく、政治的、経済的方向を定める意味の方が強いことに注目する必要がある。

吉田茂は、国際政治において、軍事力に最大の重要性を与えたことは一度もなかった——肯定的にも、否定的にも。彼は、軍事力には二次的な地位しか与えなかったし、逆に軍事力を否定しようともしなかった。彼は、政治的、経済的関係を国家間の関係の基本と信じ、その意味で名誉ある地位を日本が国際社会において占めるというひとつの願いを抱き、そのために努力して来た。実際彼は、戦前戦後を通じて恐ろしく変らなかった。それには、それなりの限界もあり、欠点もあるだろう。しかし、彼には大きな業績もあるのだ。それは何よりも戦後の復興が示している。日本の復興に政治がなんら寄与していないということはありえない。政治は悪いが、国民の努力が日本を復興させ、支えているという思想は、戦後の知的雰囲気が生んだ不当な神話に過ぎないのである。だから、われわれは、彼が国際政治についてどのような哲学を持ち、それをどのように実現して行ったかをたずねなくてはならない。

吉田茂の三つの顔

職人的な外交官

吉田茂という人物を構成する第一の側面は、政治と外交についての実際家であり、それに徹した職人という面である。この面は彼の長い外交官生活を通じて発展し、強められた。実際、彼の生涯は、彼が公的生活に入ってから始まったと言えるほど、彼は生い立ちについて語らない。それは、彼の幼少時代が不幸であったからではなくて、彼が彼の幼少時代に重要性となつかしさを見出さないからであろう。要するに、彼は政治的人間なので、幼少時代の夢や空想にはあまり関心がないのかも知れない。

ともかく、吉田は明治三十九（一九〇六）年、二十八歳で東大を卒業すると、すぐ外交官生活に入った。彼の最初の任地は支那で、奉天（現、瀋陽）総領事館詰の領事官補であった。それから昭和三（一九二八）年奉天総領事の任を解かれて帰国するまでの約二十年間の外交官生活のうちで、彼は十一年あまりを支那で過ごしている。欧米諸国での勤務の経験はわずか数年に過ぎない。その当時の外務省での出世街道は欧米諸国の首都での勤務であり、支那勤務はチャイナ・サービスと呼ばれて、いわば裏街道であったのだから、負けん気の強い彼は、決して満足していなかっただろう。

この当時の彼は肩を怒らしている若者という感じがする。だから、大正四（一九一五）年対支二十一カ条問題が起こったとき、彼は安東県の一領事の身分でこれに反対論を唱え、在満の領事たちに呼びかけて反対運動を起こそうとして、外務省の幹部たちの御機嫌を損ねている。本来ならば免職ものだが、養父の牧野伸顕に対する義理合いで、本省内の閑職に廻されるだけですんだ。つまりホサれたわけで、彼はワシントン大使館付となる機会を棒にふってしまったのだった。彼が後年、外務省の職員に対して「元気よくやれ」と言ったあとで、「みんなおれのようにやったら、三十くらいでくびだがね」と付け加えたのも、彼の人生経験にもとづいたユーモアなのである。しかし、こうした外交官生活の初めを支那で過ごしたことは、彼を成長させることになった。なぜなら、その当時の出世コース、欧米諸国の首都での勤務は、二つの理由で、秀れた外交官を養成するのに適当なものではなかったからである。

まず、この時期はヨーロッパの外交は退潮期にあった。何よりも外交官が小粒になり、官僚化して来ていた。おまけに、第一次世界大戦が始まって外交はその重要性を失ったし、ヴェルサイユ条約のあとでは公開外交という世論の要求を前にして、かえって職業的外交官という殻に閉じこもってしまった。しかも、同じころ、日本外交の担い手も、陸奥宗光、小村寿太郎によって代表される外交家たちから、秀れた官僚としての外交官に変って来ていたのだから、このころ、秀才コースを歩んだ人たちは、中型人物として固まってしまったのであった。

ところが、当時の支那は、清朝末期から革命の初期に至る期間で、政治情勢は複雑をきわめ、各国の外交も、正面切っての脅迫から陰謀に至るまであらゆる術策をつくした。日本についても、外務省と軍部とくに陸軍が、それぞれ支那各地に出先機関を持っていたし、それらが各々「地方政権、軍閥に接近し、それとともに民間の支那浪人、政党政客などがいっぱし策士気取りで横行する実況をまのあたりに体験し得ることは、決して無駄ではなかった」（『回想十年』第四巻 九三頁）と、吉田茂も書いている。彼を特徴づける強さと決断力は、こうして政情複雑をきわめる支那という裏街道を歩いたことによって養われたように思われる。秀才がこのような場所に行けば、だいたいけちな陰謀家として小成するものだが、彼は秀才でなかったから、この裏街道から多くを学ぶことができたのであろう。ともかく彼は、こうした複雑な政治情勢においては、小さな陰謀よりも、強硬な正面攻撃が有効だという信念を持って行動した。

彼が頭角を現わした奉天総領事時代の行動はまさにこの信念に立っているし、田中義一が彼を認めて外務次官に抜擢したのも、この素質を見込んでのことであった。彼が総領事として奉天に赴任したのは、大正十四（一九二五）年十月であったが、この当時の満州（現、中国東北部）はひときわ複雑な政情であった。中国国民党に代表される民族主義は次第にその力を強め、満州にも影響を及ぼすようになっていた。そして、これを助けるソ連共産党は、北満州を基地として宣伝活動をおこない、武器を秘かに送り込んでいた。これに対して、満州を生命線として、すでに条約によっていくたの利益を獲得していた日本は、満州の政情に大きな関心を持っていた。とくに、昭和二（一九二七）年になると、国民党の北伐によって中国の内戦は重大な段階に入っていたが、日本が頼みとする張作霖が、中国本土の内戦に手を出し、満州の経済を疲弊させ、その政治を混乱させる冒険をくり返しそうであったので、日本外交はなんらかの措置をとる必要に迫られていた。しかし、いかなる措置をいつとるかについては意見がまちまちで、外務省の局長たちはもうしばらく事態を静観することを主張し、軍部は張作霖を手なずけて傀儡化し、もしそれができなければ陰謀によって後継者を立てようとしていた。

吉田茂はこれに対して、張作霖が支那本土への野望を放棄し、東三省（満州）の経営に専念するよう、正面切って要求することを主張し、それとともに、日本が借款を与え、財政顧問を送って財政の立て直しを計り、その代償として、日本の権益を拡張することを提案した。そして、昭和二年の半ばに内閣が代って田中義一が首相兼外相になり、吉田茂が唱えてきた政策が東方会議などにおいて注目されるようになると、張作霖に要求を突きつけ、それを呑ませるために強圧手段をとった。

　彼は軍事政権である張作霖の兵工廠への引込線であった京奉線が、日本の所有であった満鉄線を横切って敷かれていたのに注目して、京奉線の満鉄線横断を阻止したのであった。この手段は、軍事政権の兵器庫を封鎖する効果を持つものであったから、強圧手段として効き目のある手であったが、しかし、吉田は準備工作を余りしなかったため、張作霖を手なずけて傀儡化しようとしていた軍部から、手荒過ぎるとか時期尚早だとかいう反対論が持ち上って、彼は病気という名目で退かなくてはならなかったのである。このことについて、昭和三（一九二八）年九月、総領事として奉天に赴任した森島守人は、「当年なお円熟の域に達していなかった吉田には、檜舞台の千両役者として独善的気分もあったろうと思われるが、宝刀を抜くにさきだって関東軍や関東庁に一応の挨拶をしておけば、その反対を緩和しえたのではなかろうか」（『陰謀・暗殺・軍刀』一七頁）と評している。

　出先機関の不統一のなかを突っ走った吉田の姿は後年のワンマンぶりを予見させるが、しかし、後年の彼はワンマン的性格とともに、ベテラン外交官として、打つべき手は前もって打っている。それには、この苦い経験に学ぶところもあったと思われる。また、それはこの後次官として本省にいたとき、ロンドン軍縮条約の批准問題が起こり、海軍部内をまとめるため山本権兵衛大将を訪問するなどの経験を積んだことにもよるのであろう。彼が首相として示した交渉能力は、こうして培われたのであった。

しかし、この時期の彼の記録は、そこに現われている彼の外交についての考えに注目するとき、いっそう興味深い。

ひとつには、奉天総領事時代と外務次官時代の吉田茂は、中国の内戦に対して不干渉主義をとり、中国には貿易によって進出するという幣原喜重郎（しではらきじゅうろう）の平和外交ではなくて、断固として満州における日本の権益を守るという田中の強硬外交に近かった。張作霖に対して中国本土征服の野望を捨てさせ、満州の経営に専念するよう要求するという奉天総領事時代の吉田の政策は昭和三年、彼の外務次官時代に田中内閣によって実施され、ほとんど成功するところまで行ったのである。その意味では、吉田は幣原よりも軍部に近かったと言うこともできる。だから、この時代の吉田の強硬策は戦後早速とりあげられ、彼が民主主義者ではないことを示すのに使われたし、吉田も関東軍もともに満州侵略という同一の目的を追求していたのであって、ただ手段が政治的か軍事的かの相違であると主張された。

そして、そこまで言わなくても、この時代の吉田の外交が、数年後の「親英米派」と呼ばれたころのそれと矛盾する印象を与えるものであることは間違いない。たしかに、吉田は満州における日本の権益を過大評価していた。おそらく彼が奉天という現地にいたことが、この過大評価をもたらしたのであろう。当時排日運動は満州にも及び、満州に永住する気持であった日本人移住者に大きな不安を与えていたし、彼らは当然、幣原外交を軟弱として批判することになった。こうした気持が満州においていかに広汎に存在したかは、満州事変以後の軍部の独走に批判的な森島守人でさえ、当時の満州における排日運動が目に余るものであったと書き、吉田奉天総領事の努力を高く評価していることを見ても明らかである（前掲書、一六頁）。それにしても、この時代の吉田が満州における日本の権益を、日本の外交政策全体のなかで正しく捉える均衡の感覚を持っていなかったことは否定しえない。

しかし、吉田の満州における強硬策は軍部のそれと、少なくとも三つの点で異なっていた。ひとつには、手段の相違があった。吉田は傀儡政権の樹立などの陰謀を厳しく排し、張作霖に対して正面から要求することを主張した。彼は張作霖に中国本土への野望を放棄させるための行為について言っている。「何レニシテモ何人カヲ張ノ後継者ニ為サンカ為小策ヲ弄スルカ如キハ此際慎ムヘク……満州ニ於ケル我国力ノ発展ハ其優越独得ナル地位ニ立チ国民独自ノ力ヲ以テ開拓スルノ確信ヲ以テ帝国政府カ此変局ニ処セラレンコトヲ切望ス」（『外務省文書』）。そして、昭和三年六月、張作霖は田中首相の率いる日本政府の要求にしたがって、中国の首都北京を退くことになったし、「張作霖には満州を、蒋介石には中国本土を統治させようという田中構想はまさに実現されようとしているかにみられた」のである（緒方貞子『満州事変と政策の形成過程』二九頁）。しかし、満州にあった日本軍は、このころすでに、実力によって満州を支配する方向に動きつつあった。張作霖が奉天への引揚の途中、関東軍の一部の軍人たちの陰謀による列車爆破によって殺害されたことは、田中構想の失敗を意味したし、その後の「陰謀・暗殺・軍刀」による満州侵略の始まりを象徴するものであった。政治的に正面から権益を主張することは、やがて事態の変化に即応して、政策を変更しうるのに対し、「陰謀・暗殺・軍刀」による権益の主張は取り返しのつかない悲劇を生むことを考えるならば、この手段の相違は重要なものであったことが理解されるであろう。

より重要なことは、吉田の権益に対する態度であった。彼は外交について、いわば職人的とでもいえる考えを持っていた。彼にとって外交とは、条約とそれが与えた権利を活用して国家利益を追求する、いわばゲームのようなものであった。彼はその権利の倫理的正当性というようなことを、まったく問題にしていないように思われる。彼は当時、日本が満州において持っていた権益の正当性を少しも疑っていない。そしてこの満州における日本の権益の正当性こそ、ようやく問題になろうとしていたものなのであった。当時、中国の民族主義はとうとうたる流れとなって満州に注ぎつつあったし、その論理は日本の満州における権益の正当性を否定するものであったのだ。

もちろん、そのころの日本で、満州における日本の権益の正当性を否定する人などはほとんどいなかった。ただ、幣原などいくらかの外交官は、秘かに疑問を感じ始めていたかも知れない。彼は第一次世界大戦後、国際政治の環境が変化し、帝国主義が消滅しつつあることを認めた。それ故彼は、ワシントン会議で作られた新しい体制を尊重し、日本は「門戸開放」と「領土保全」とを認めた国際協定の範囲内で行動しなくてはならないと考えていた。これに対して、吉田茂は国際政治の現実は、第一次世界大戦後もあまり変っていないという認識を持っていた。彼が次官時代に書いた『対満政策私見』はきわめて示唆的である。

「従来対支政策頓挫ノ原因ハ之ヲ、

第一　欧州戦后民族自決等一時人口ニ上レル戦争ノ反動的思想ヲ其儘ニ余リ多ク我レノ聴従シ過キタルコト

第二　日支親善、共存共栄等ノ空言ニ捕ハレ過キタルコト

第三　対支国家機関ノ不統一

等ニ帰スヘク之ヲ要スルニ我ニ政治家的経綸ノ欠ケリト云フノ外ナシ」（『外務省文書』）

この場合、一見、理論的には幣原の方が吉田よりも秀れていたと言えるかも知れない。第一次世界大戦を境にして、国際政治は変化し始めていた。それまで外交に縁がなかった大衆の意見が外交に影響を与えるようになり、それとともに、国際政治は純粋の権力政治ではなく、イデオロギーが大きく作用するようになって来た。しかし、政治の世界においては、新しい兆候に敏感であることは、必ずしも正しい行動を生むとは限らない。それは事柄の性質上、中途半端な理解に終わるし、したがってその行動もまた中途半端なものとなるからである。実際、ヨーロッパにおいても極東においても、この時代には「新外交」への理解を持った外交官が多くの失敗を犯し、従前通りの国際政治観を持っていた人々の方が正しい行動をとった例が少なくないのである。

少なくとも、吉田茂が当時の国際政治に流入しつつあった新しい要素であるイデオロギーに鈍感であったことは、満州における権益を強いて倫理的に正当化しようとした軍部とも、彼を異な

らせることになった。当時、満州にあった関東軍は、満州の住民が軍閥の圧政下にあって、戦争、インフレーション、重税などに苦しんでいるとみなし、満州軍閥を打倒することは、全満人民の利益になるというイデオロギーを作り上げて、満州領有を計っていた。彼らは日本の満州占領と統治がおこなわれるならば、治安が維持され、交通が発達するため、満州における天然資源は十分に開発され、民衆の福利は増進するであろうと論じたのである。しかし、異民族の支配はあくまでも異民族の支配であった。そして、不当な権益を倫理的に正当化することが、単なる不当な権益の主張に数倍する害悪を生み出すことを考えると、この相違もまた、きわめて重要であったと言えるであろう。

頑固な親英米派

吉田茂は満州の利権を擁護するためには強硬策を主張したけれども、英米と対立するつもりはなかった。それは、彼が外務次官としてロンドン軍縮条約を成立させるために努力したことに現われているが、昭和六（一九三一）年の満州事変後はよりはっきりしたものとなり、彼と軍部との対立もまた明確となって行く。満州事変が起こったとき、吉田茂はイタリア大使を務めていたが、彼は連盟理事会が日本の立場をかなり認めているのに注目して、連盟を無視して独走しようとする軍部に反対し、連盟と妥協することを在米大使出淵勝次（いでぶちかつじ）などとともに主張した。その後も彼は国際連盟と決裂することに反対で、松岡洋右（まつおかようすけ）が昭和八年にジュネーブに行く前にも、国際連盟から脱退することがないように忠告している。また、日本が連盟を脱退した後、彼は巡察使として世界各国にある日本の在外公館を廻ったが、そのときも、やがては国際連盟に復帰すべきであると説いて廻っている。そういうわけで、軍部から親英米派としてにらまれはじめ、昭和十一年広田内閣の組閣に際して、外相として閣僚名簿にのっていたのに、陸軍から忌避されて外相になり損ねているのである。

　こうして、吉田茂の第二の顔、親英米派という面が現われてくるが、彼は持ちまえの頑固さと、帝国外交官のエリート意識も手伝って、軍部に屈服することなく、最後までこの信念を守ったし、政治、外交に携わらずにはおれぬ職人気質から平和交渉をくり返しもした。その結果、憲兵隊にも逮捕されたりしたが、この経歴が戦後彼にとっていかにプラスになったかは計り知れない。そのため、親英米派という彼の特徴がそのままうのみにされたり、逆にその反動として、彼が軍部に反対し英米との協調を説いたのは、単に彼のエリート意識と頑固さのせいにされてしまったりしている。しかし、吉田茂の親英米協調は彼の気質と政治哲学から来るあたりまえの結論で、人がそれを勝手に理想化したり、勝手にけなしたりしているだけなのである。

　吉田茂の親英的、親アングロサクソン的気質は彼の育った家庭の環境に根ざしている。彼は明治十一（一八七八）年九月二十二日、板垣退助（いたがきたいすけ）の率いた自由党の領袖竹内綱（たけうちつな）の五男として生まれたが、竹内は子沢山に悩んで吉田茂は生まれる前から吉田家に養子に行くことになっており、十月一日、生後わずかに九日目に吉田家にもらわれて行った。だから、彼は完全に吉田家の子供のようなものである。ところが、彼の養父吉田健三は極東における英国の船会社の老舗、ジャアディン・マゼソンの支社に勤めたあとで、自分で船問屋を始め、この事業に成功して巨財をなした人であった。そこで吉田茂は、英国的精神の真髄であるビジネスの雰囲気のなかで育つことになった。彼は「自分は経済のことはわからない」と言いながら、財政問題についてまったく関心がないわけではなく、とくに外国からの借款については首相を辞めたあとでも非常に熱心であったが、それは彼が、通商関係や金融関係が国家間の関係のもっとも重要なものであると考えていたためである。

昭和二十九（一九五四）年外遊したとき、吉田は、大阪湾沿岸埋め立ての資金一億マルクの借款をドイツから得ることについてアデナウアーに言った。「日本とドイツは戦前は非常に仲が良かったが今はそれほどでもない。大いに両国の友好関係を強めたいと思うが、その手始めにひとつ一億マルク貸してもらえないだろうか」。この言葉は単に、金を借りるための口実ではない。だいたい口実というものは、それほど有効なものではないし、彼はあとで、側近の一人に、「借款というものは、国家間の関係を永続させるために必要なものだ」と語っているのである。だから、それは彼の国際政治観を表わしているといえるが、このいわば商人的な国際政治観こそイギリスに伝統的なものであった。そしてその素地は彼が育った環境によって作られたと考えられる。

もちろん、彼の親英的な気質は、彼が多くの召使にかしずかれ、「若さま」として、いわば豪奢な孤独のなかで育てられたことからくる、個人主義や貴族主義によって感情的に強められている。また、外務省の伝統が親英米であったことや、彼の舅牧野伸顕が西園寺公望とともに英米協調論者の巨頭であったことにもよるものである。しかし、それがどのようにして作られたものであるにせよ、彼が持っている商人的な国際政治観は、彼の政治行動の指針のひとつとして注目されなくてはならない。なぜなら、この国際政治観から彼は軍事力が国際関係において第二次的な重要性を持つに過ぎないという信念を得ているからである。太平洋戦争前の軍部との対立は、まさにこの信念に根ざしているし、戦後日本の再軍備に際して彼がとったシニカルな行動もこの信念から説明できるように思われる。

広田内閣の外相になり損ねたあと、彼は昭和十一（一九三六）年から十四年にかけてイギリス大使をしていた。そのとき日独防共協定が問題になったが、日独防共協定を結べば日本は英米を相手にして戦わねばならぬ羽目に陥る危険があるとして、主な大公使たちが賛成するなかを、彼一人頑として日独防共協定に反対した。

それは反戦というような道徳的理由からでは無論なく、彼の商人的国際政治観からして、戦争は馬鹿げたことだという信念にもとづくことが容易に理解されよう。その場合、彼が外交に対して、すでに述べたようにいわば職人気質とでもいうべき哲学を持っていたことが、彼の判断を正確ならしめた。彼は時代精神といったものはほとんど問題にしなかったが、その故にこそ彼はドイツは英米に勝てないことを正確に予測しえたのであった。

当時、時代精神というようなことを問題にする多くの人が、昭和十一年、勃興期にあったナチス・ドイツをいかに高く評価し、英米の民主主義は衰退期にあるとして過小評価したことであろうか。吉田の予測は外交の職人として、例によって単純にして明快である。「一体日本の軍部はナチス・ドイツの実力を買いかぶっている。世界大戦であれほど連合軍にたたきつけられ、さらに海外の領土もことごとく失ったのであるから、いかにドイツ民族が偉いといっても、二十年そこらの期間に、英仏、ひいては米国を相手にして、太刀打ちできるほど回復しているはずがない。一方英米は世界にまたがる広大な領土と豊富な資源を持つ。それに永年にわたって培った政治的、経済的の底力というものは真に侮り難いものがある」(『回想十年』第一巻 四四—四五頁)。つまり、負ける方につく愚行をするなということである。こうして、戦争は馬鹿げたことだという彼の価値観と、ドイツは勝てないという職人的判断とが結びついて、彼をして英米協調を説かしめたのであった。

しかし、日本全体はますますナチス・ドイツの方に傾いていったし、吉田茂は活躍するところを得ず、昭和十四(一九三九)年三月にはイギリス大使を辞め、外務省を退官して、東久邇宮(ひがしくにのみや)内閣の外相になるまで六年半の間、官界から姿を消したのであった。

「臣 茂」

吉田茂は昭和十四年に退官したあと、政治の世界から完全に遠ざかってしまったのではなかった。なぜなら、彼は舅の牧野伸顕を通じて、また牧野の連絡係として、西園寺公望や近衛文麿(このえふみまろ)など、日本のトップリーダーと面識を持つようになっていたからである。それに、悠々自適するには、彼はあまりにも政治と外交に徹した人間であった。そこで、戦争に突入する見込みが次第に濃くなった昭和十六年、彼は幣原喜重郎などとともに、グルー米大使やクレーギー英大使と連絡をとり、一方牧野伸顕などの所にも足を運んで、戦争回避に努力したのであった。

　この努力はまったく徒労に帰したが、戦争が始まっても彼は相変らず近衛などに和平工作の必要を説いて廻ったし、とくに戦局が不利になってからは、近衛や岩淵辰雄（いわぶちたつお）などとともにその努力を本格化した。そして昭和二十年二月、あちこちに運動した末、近衛は天皇に拝謁することができたが、そのとき近衛が奉呈した上奏文はこの和平工作の直接の動機が天皇制の維持にあったことを示している。「敗戦は我国体の瑕瑾（かきん）たるべきも、英米の輿論（よろん）は今日までのところ、国体の変更とまでは進み居らず、随（したがっ）て敗戦だけならば、国体上はさまで憂うる要なしと存（ぞんじ）候（そうろう）。国体護持の建前より最も憂うべきは、敗戦よりも、敗戦に伴（ともの）うて起ることあるべき共産革命に御座候」。これは、近衛、鳩山一郎（はとやまいちろう）、吉田、真崎、植田らを中心とするこの和平グループの共通の立場であった。

　かくて、吉田茂の第三の顔、「臣茂」が現われてくる。彼は後年皇太子の立太子礼の寿詞において「臣茂」という言葉を使って物議をかもしたが、それは失言でも何でもなく、用意された原文に、彼がわざわざ「臣」の文字を加筆して読んだのであって、彼の信念を表わしているものなのである。彼の信念体系とでもいうべきものは、彼の養母で、有名な漢学者佐藤一斎（さとういっさい）の孫娘にあたる吉田琴子（ことこ）のしつけに始まって、杉浦重剛（すぎうらじゅうごう）の日本中学における教育で完成したと考えられるが、杉浦重剛は東宮御学問所で倫理学を進講したこともある人で、皇室に対する強い崇敬の念を持っていた。吉田茂が皇室に対して強い崇敬の念を持つようになったことは当然のことであった。

日本がポツダム宣言を受諾して降伏したあとでも、和平工作グループの最大の関心は天皇制と天皇の運命であった。和平工作で吉田といっしょに捕まった岩淵辰雄は、天皇の大権事項を削り、皇室は政治に関与しないようにすることなど、憲法改正の必要を説いていたが、それは占領軍が天皇の戦争責任を問題にするのに先んじて、皇室は政治に関係がないことを示すことを狙ったものであった。近衛は同じような情勢判断から岩淵に賛成し、マッカーサーと出会ったあと、憲法改正の研究を始めた。岩淵はこのため重光葵（しげみつまもる）外相を更迭し、吉田茂を外相にし、近衛と吉田に小畑国務相と書記官長の緒方竹虎（おがたたけとら）を加えて、憲法改正など国内改革をやって行こうという構想を持っていた。吉田が九月の半ばに外相となったのは、この岩淵の努力によるものであった。

吉田茂はしかし、憲法の改正と皇室の問題について、近衛や岩淵とは多少異なった考えを持っていた。彼は、憲法の改正を最小限にとどめようとする松本案を支持し、総司令部が松本案を保守的として天皇を象徴とするなど徹底的な改正を指示したあとでも、松本案を強く支持した。とくに、彼は皇室に関する規定については頑固だった。総司令部の民政局の報告書は次のように記している。「内閣は形ばかりの改正の松本案を支持するものと、完全な自由主義化を必要と考えるものと、五分五分に分かれた。……外務大臣吉田は、松本案を支持する頑迷な政治家の筆頭であった」。

ここに見られる近衛と吉田のコントラストはきわめて重要である。二人とも、皇室のことを一番考えていた。しかし、「臣文麿」は天皇制についてきわめて悲観的であった。「こちらからグズグズしていると陛下にも、天皇制にも向うから手を打たれる恐れがある。国体については国民投票をやって天皇制を確立するのがよいと思う。陛下は御退位になって、高松宮が摂政になられるのがよいのではないか。国民投票も今のうちなら、天皇制支持になるが、先に行ったらどうなるか、遅くなればなるほど共和制支持が多くなりはしないだろうか」（住本利男『占領秘録』上一三二頁）というのが彼の考えであった。そして彼は、天皇が退位されたあとの住居についてさえ考えていたと言われる。これに対して「臣茂」は楽観的であった。彼は米国を説得することは可能だと考えていたし、そのために一番良い方法は、天皇制の日本の政治における安定因子としての重要性を頑固に主張することだと判断していたのであった。吉田茂が外相になる前に、近衛が岩淵に対して語った吉田観は興味深い。「僕は吉田君に対して好意を持っている点では人後に落ちない。だが吉田君の意識は『大日本帝国』時代の意識だ。これが戦争に敗けた日本のこれから先にうまく行くだろうか」（前掲書、一一九頁）。人と時勢を見るのに敏でありながら、いわゆる公卿育ちのために決断力を欠いた貴公子近衛らしい言葉ではないか。吉田茂も、宮内大臣であり、彼の舅である牧野伸顕をバックとして政治に入った天皇の臣であった。しかし、彼は生まれといい、チャイナ・サービスという経験といい、直系の臣ではなかった。そこに彼の向う見ずな強さが生まれたのである。

それに、吉田茂は、日本が国際社会において名誉ある地位を占めるよう努力するという、天皇の臣たちの伝統を体現していた。彼の書斎には、彼がパリー平和会議に出席したとき、牧野伸顕から与えられた注意書が額に入れて飾ってある。実にパリー平和会議は西園寺と牧野という二人の天皇の重臣にとって、もっとも華やかなりしときであった。そこで吉田は、パリー平和会議において、「日本開国以来、明治の大先輩の営々たる努力が立派に実を結んだ」（『回想十年』第四巻 九九頁）と考え、その雰囲気を忘れなかった。そこに彼の華やかで高慢な雰囲気が生まれる理由があるのではないだろうか。

ともかく、彼もまた、天皇の臣たちの伝統に沿って、日本が国際社会において名誉ある地位を占めるという、ひとつの願いを抱き、そのために努力することになった。しかし、彼は前半生を不遇で過ごさなくてはならなかった。外務次官に進み、英国大使に任命されはしたが、彼の献策はとり上げられなかった。彼は自分の考えと能力を実現する機会を持たなかったのである。その間に日本の国際的地位は急激に下って行った。そして、彼が自分の考えと能力を実現する機会を与えられたのは、敗戦によってうちひしがれ、もっとも不名誉な地位に置かれた日本においてであった。しかし彼は言ったのだ。「戦争で負けて外交で勝った歴史はある」。はたして彼は勝ったであろうか。

奇妙な革命

勝者と敗者

逆説的な言い方だが、吉田茂が「大日本帝国」時代の意識を持っていたからこそ、占領軍司令官マッカーサーとの間に意思が疏通したように思われる。昭和二十（一九四五）年八月二十九日、勝者として厚木飛行場に降り立ったマッカーサーの心境は、きわめて複雑であったことであろう。日本軍は彼をフィリッピンで散々に打ち負かし、自らの率いる軍隊を捨ててオーストラリアへと走らせた敵であった。それから彼は数年かかって、太平洋を攻めのぼったが、戦いは凄惨をきわめた。したがって、当然彼の心のなかには、日本に対する尊敬の念が憎しみや軽蔑の気持と混り合って存在したことであろう。それは激しい戦いのあとで、すべての武人がいだく気持なのであった。しかも、マッカーサーは、若いころ、日露戦争中の旅順、大連を、彼の父、アーサー・マッカーサー中将（当時フィリッピン駐在米軍司令官）とともに視察し、東郷大将や乃木大将に面接して、その立派な人となりに深く感銘した経験を持っていた。この経験からくる日本へのあこがれは、彼の気持をいっそう複雑なものにしていたのである。

吉田茂の性格と彼の信念は、こうしたマッカーサーの気持に訴える不思議な魅力を持っていたのであった。吉田茂は、外相になったとき、終戦時の総理大臣鈴木貫太郎（すずきかんたろう）を訪ねて、敗戦国の外相としての心得をたずねた。そのとき鈴木は、「戦争は勝ちっぷりもよくなくてはいけないが、負けっぷりもよくないといけない。鯉は俎板の上にのせられてからは、庖丁をあてられてもびくともしない。あの調子で負けっぷりをよくやってもらいたい」(『回想十年』第一巻一一七頁)と言ったそうである。吉田がこの話をくり返して語るところから見て、彼はこの教えが気に入ったらしく、占領軍に対して、言うべきことは言い、それでも聞かれなければ占領軍の命令にしたがうという方針で、占領軍との交渉に臨んだのであった。この方針と、「大日本帝国」時代の意識から、彼は打ちひしがれた敗者ではなく、その故にこそマッカーサーとの間に一種の親愛の情が生まれたのであった。

吉田はマッカーサーに会うときに、最高級の葉巻コロナをたずさえて行ったといわれる。それは彼が戦前に手に入れ、戦争中にはわざわざ疎開させて保存しておいたものであったが、彼はマッカーサーが煙草をすすめると、逆にこの葉巻をすすめたと言われる。国民の多くが住むに家なく、食べるものも不足していたこの時期において、吉田のこの行為はまったく貴族的で、こっけいでさえある。普通の人であれば、彼の見栄っぱりを軽蔑したり、その驕慢さに腹を立てたりしたことであろう。しかし、あの大時代がかったマッカーサーにとって、それは敗者の精一杯の意地を示すものとして、心憎くもまた小気味よいことであった。ともかく、コロナの葉巻という、この小道具は、人間関係がいかに奇妙で複雑なものであるかを示している。

こうしてマッカーサーとの仲が巧く行っていたので、吉田は総司令部に用事があるときには民政局長などを素通りして、マッカーサーに直接会いに行った。それはこれまで、当時絶対的な権限を持っていたマッカーサーと直接取引することによって、占領軍の内部と日本側の朝野に対して優越した立場に立つためであったとされている。それは無論一面の真理を含んではいるが、しかし、マッカーサーに直接会いに行ったことの動機は、やはり日本の国家としての体面を保つことにあったとすべきであろう。

実際彼は、マッカーサーと対等の立場を自然にとることができる人物だった。第一次内閣の初め、彼は食糧危機の打開のため占領軍の食糧の放出を要請し、四五〇万トンの食糧の輸入がないと餓死者が出るということを農林省の統計数字にもとづいて陳情したが、実際は七〇万トンの輸入でどうやら切抜けることができた。この統計の出鱈目をマッカーサーが責めたとき、吉田は言ったものである。「戦前にわが国の統計が完備していたならば、あんな無暴な戦争はやらなかったろうし、またやれば戦争に勝っていたかも知れない」。あの時期にこのような冗談を言うことができたという事実は、彼の占領軍に対する態度をなによりもよく表わしているのではないだろうか。

それに彼が、マッカーサーと直接に会って総司令部の局課長と会わず、事務的なことは終戦連絡事務局に任せて、終戦連絡事務局の職員が総司令部の局課長と連絡をとったことは、外交交渉においてはむしろあたりまえの技術であった。こうすれば占領軍の政策に反対しても、自分自身には直接の責任がない、つまり、ギリギリまで反対させておいて、それでだめなら、折衝にあたった者を更迭すればよいわけである。このため、終戦連絡事務局の局長や次長はよく代ったし、あとから述べる田中耕太郎（たなかこうたろう）文相の更迭もこの部類に入る。

　この方法は不人情ではあるが、外交の世界では必要な技術である。デリケートな交渉に入る場合、大使など当局者に押せるところまで押させておいて、それに失敗すれば大使を更迭することがよくあるが、これは交渉の際の駈引きを可能にするために必要な方法なのである。外相や首相など最高責任者が、下準備なしに頂上会談に出かけて行くことが愚策として退けられるのも、ひとつには大使を用いてする交渉にはこのような駈引きの余地があるのに対し、首相自ら出かけて交渉に失敗した場合はただちに責任問題が起こるからである。吉田はこの外交のＡＢＣを占領軍との渉外関係に利用したわけである。「事務当局の間で話がつかず、こじれた問題は、吉田のところへ持ちこまれるが、マッカーサーに頼みこんで好転するものと、どうにもならぬものとがあった。吉田はその辺をよく心得ていて、マッカーサーに持ちこんでも、できそうもないものは然るべき口実を設けて事務当局に押しつける。できそうなことは陳情に及んだ」（『文藝春秋』臨時増刊「昭和メモ」）というある外務官僚の言葉は、そのことをよく示している。吉田茂とマッカーサーの関係が巧く行った裏には、こうしたマキャベリ的配慮もあるわけで、彼の身代りとして犠牲になった人も多いことであろう。

　しかし、それが外交交渉なのである。とくに吉田は、総司令部との日々の交渉を講和条約のための外交交渉と考えていた。彼は書いている。「講和に対処する私たちの根本的な考え方は、次のようなものであった。第一に対日講和会議は、従来のポーツマス会議や、ヴェルサイユ会議のように、戦勝国側と敗戦国側とが相対して講和条件を討議する会議とは決してならないであろうということであった。これはルーズヴェルト大統領の提唱した無条件降伏方式や、またこれに則ったポツダム宣言から来る当然の帰結であった。連合国側が平和条約によって定めようとする事態を、既に占領期間中に作り上げて了う。すなわちいわゆる既成事実をつくっておく。従って平和条約は新たな事態を作り出すというより、寧ろ既に出来た事態を確認するものとなるであろう。そうであるとすれば、条約の内容は占領期間中に徐々に固まりつつあるとも見得るのであって、連合軍司令部に対する私どもの日々の接触は、同時に講和折衝の意味を持つものである」(『回想十年』第三巻 二三―二四頁)。しかも彼は、第二の点として、「講和会議が連合国側の折衝で既に定められた条約案を形式的に採択する会議となる公算が多いとすれば、会議前の連合国間の折衝において、どこかの国に日本の代弁者となってわが国の利益を擁護して貰わなければならない。しかしてかかる国は米国を措いて他にないであろう……」(前掲書、二四頁)と考えていた。総司令部との交渉が重要視されたのは当然であった。

苛酷な改革者に対して

吉田茂はこの交渉において、民政局とよく対立した。実際、彼はホイットニー少将やケーディス大佐など民政局の人々とはきわめて仲が悪かった。それはひとつには、吉田の愛憎の念のきわめて強いことによるものであろうが、彼の場合、愛憎の気持は不思議に彼の政治家としての人物判断と一致している。彼はこの人物判断の勘を「犬の嗅覚」にたとえたが、それは政治上の敵をすばやく嗅ぎ分ける能力なのであろう。吉田と民政局の不仲は占領政策をめぐる立場の相違によるものなのである。

民政局の職員、とくに日本管理という使命を帯びて米本国から送られてきた職員は、日本の民主化という任務にきわめて熱心であった。彼らの思想的立場はニュー・ディールのそれであり、アメリカで十年ばかり前におこなわれた大きな社会的実験の成功から、日本での実験にも強い確信を持っていた。そこで彼らは、軍国主義者、地主、高級官僚などの追放、日本の政府組織と人事の根本的改革、土地改革、労働組合の育成など、徹底的な改革を意図し、それを実行して行ったのである。つまり彼らは勝者としてではなく、「改革者」として日本を訪れた人々なのであった。

しかし、改革者はかならずしも寛大ではない。彼らは二つの意味できわめて苛酷だった。まず、米本国の改革者たちは日本の経済復興の必要を認めていなかった。昭和二十（一九四五）年十一月、米本国からマッカーサー総司令部に与えられた指令はいう。「貴官は、日本経済の復興または強化に関し、なんらの責任を負うことなし」。日本は軍事的に無能力化されなくてはならなかったのである。また、日本に来た改革者たちは、古い政治構造を破壊し、徹底的な社会改革をおこなうことが、日本人の生活にどんな影響を与えるかを考えてみようとはしなかった。彼らは理想に燃えた、善意の、しかし苛酷な改革者だったのだ。

これに対し吉田は、何よりも日本の復興を考えていたし、改革がこの目的に反する場合、彼は徹底的に反抗した。それに、彼は日本の政治構造を徹底的に変えることが正しいとは思っていなかったのである。かくて、吉田と民政局の対立は始まった。その場合、アメリカの占領軍の力と威信は絶大なものであった。しかし、改革者たちは、占領軍による、民主主義的な革命という、二重のジレンマに直面しなくてはならなかった。吉田は本能的にそこを衝いたのであった。

まず、アメリカ軍はただ改革者として日本を訪れたのではなく、第一義的には占領軍として日本に来たのであった。そこで、彼らは、日本を統治するという役割を担うことになった。彼らはまず統治し、ついで改革しなければならなかったのであり、理論をそのまま実行に移すわけにはいかなかった。理論は日本の実情に合わされねばならなかったし、その翻訳係は日本の政府以外にはなかった。かくて、改革の原型である理論の方を重んずる人々と、それが何とか実行されることを重んずる人々とに分かれたのである。後者を代表するものは参謀部の軍人たちで、彼らはだれが統治能力があり、だれが実行力があるかを重んじた。軍事の実際家として、彼らは、政治、外交の実際家である吉田や、その他の政治行政の専門家たちと気質的に共通したものを持っていたのであろう。それに、彼らは、職業軍人として政治的には中立だったが、ニュー・ディーラーよりは心情的に右より、すなわち吉田などに近かったことは言うまでもない。

民政局と参謀部、理論家と実際家の対立を、吉田は見逃さなかった。彼は、マッカーサーのところへ直接に出かけて行ったが、それとともに彼の幕僚、ウィロビー少将やベイカー副官にも連絡をとり、側面からマッカーサーに働きかけたのであった。

次に、たとえ民政局がどれほど徹底的な改革を意図していても、民主主義的な改革を彼らが唱える以上、彼らがなしうることには限度があった。彼らは勝手に政府を決めるわけにはいかなかった。うたがいもなく、彼らは社会党か、少なくとも進歩党が政権をとってくれることを期待していた。しかし、国民の政治意識や価値はそう急激に変るものではないのだ。日本にも、徹底的な改革を説く、いわば人民戦線派とでも呼ぶことができる人々がいた。たとえば新聞の立場がそれで、『朝日』は昭和二十年十一月七日の社説において、「日本の進路は、軍国主義の徹底的絶滅、封建的国家性の超克による民主主義的革新以外にはない。これはマッカーサー司令部の命令ではなくて、日本自体の国情から発する絶対命令である」と宣言し、十二月二十七日の社説では、社会党と共産党から成る人民戦線を提唱した。

しかし、こうした考えを持った人々はきわめて少数であった。変革を望む人はかなりいたが、彼らは人民戦線といったことには縁がない人々であった。実際、人民戦線派にしても、素朴な夢を追っていたのだと言えるかも知れない。その故にこそ、「広場の民主主義」的な雰囲気があったのだ。彼らはあらゆるむずかしい問題が出てくると言った。「国民の政治意思が明白なる自主的方向をもって強力に、かつ組織的に結集されねばならない」。それは、食糧問題についても、経済の再建についても、そしてポーレー委員会がきびしい賠償条件を出したときも、いつも同じだった。彼らはやがて昭和二十一年の復活メーデーに、東京だけで五〇万の労働者を動員し、食糧メーデーにも多くの大衆を動員したが、これらの大衆はインフレと食糧危機から自分たちを護るために集まったのだった。だから、彼らの多くは政治上の信念から行動していたのではなかった。国民の多くは敗戦によって呆然となりながらも、生活を維持することに懸命の努力をつづけていたのであった。

実際、戦争に敗けた日本を支えていたものは、軍国主義とか民主主義とかいう政治の変動とはほとんど無関係におこなわれて来た生活の営みであり、それに体現された倫理なのであった。しかし、それはまったく政治と無関係ではなかった。それは地域的な組織となっていたし、その意味で政治につながっていたのである。そして、多くの人々は、この困窮のときに新しい政治家を選んで賭をするよりも、やはり顔なじみで、彼らが安全だと思う政治家を選んだのであった。

かくて、昭和二十一年四月におこなわれた総選挙は、きわめて公正におこなわれたにもかかわらず、自由党を第一党、進歩党を第二党として選び、わずか五名の共産党議員を選んだだけに終わったのであった。この結果は尊重されるべきであった。第一党である自由党の党首を首相とすることに民政局は反対しえなかったのである。鳩山一郎の場合には、京大事件など文部大臣当時の記録を初めとして追放する大義名分があったし、カナダなどにそれを問題にする人が少なくなかった。だから、鳩山一郎に組閣の大命が下る数時間前、マッカーサーは鳩山を公職から追放する命令を下した。それは日本の政界をしばらく混乱させたが、鳩山の後継者として吉田茂が決ったとき、彼の組閣を妨げるべき理由がなかった。かくて、かなり徹底的な占領改革を保守的な吉田内閣に実施させるという奇妙な実験が始まったのであった。しかも、その実験は、戦いに敗れ、困窮した日本においてなされたのである。

改革より復興を

吉田茂が首相となった昭和二十一（一九四六）年の五月は、まさに騒然とした世相であった。当時の食糧危機はまったく深刻であったから、市民たちの食糧への要求は米騒動に近い様相を示し始めていた。それに、四月十日の総選挙のあと、内閣がなかなか決らなかったことが、この危機を深めていた。こうした状況で、鳩山の後任として自由党総裁の交渉を受けた吉田茂はなかなか承諾しなかった。ひとつには、首相となるのに決して楽な時期ではなかった。しかし、吉田がなかなか承諾しなかったより重要な理由は、総裁を引き受けるに際して、有利な条件を得ることであった。彼はそれまでまったく縁故のない政党に入って仕事をするには、かなり大きな権限を持ち自由な立場に立つ必要があると考えていたにちがいない。そこで吉田は、第一、閣僚の人事については吉田に一任すること、第二、金策については吉田に責任を負わせないこと、第三、嫌になったらいつでも投げ出すことの三つの条件をつけ、この条件が容れられるまで総裁を引き受けなかったのであった。この交渉過程において、吉田が騒然たる世相をながめながら、いわばそれを利用して、自由党の総裁に就任するための有利な条件を獲得したことが注目されなければならない。

彼はこの時期に、同じ方法を用いて、マッカーサーとも交渉していた。牧野伸顕の孫婿で、このときに組閣の連絡係を勤めた武見太郎の語るところは実に興味深い。吉田は、「マッカーサー元帥が、食糧を出すといってから組閣すればよい。一ヵ月も全国で赤旗を振れば、アメリカから食糧を持ってくるよ」などと言いながら、情勢を細かく分析していた。そして、六日目の夜にマッカーサーに招かれて「自分が最高司令官である間に、日本人は一人でも餓死させない」という約束をとりつけてから、それを官邸に待ち受けていた石黒忠篤（終戦時の農林大臣）、和田博雄などに伝え、組閣をすませたのであった（『回想十年』第四巻一二四―一二五頁）。

もちろん、彼が食糧問題の解決を、このマッカーサーとの交渉にだけ頼ったということはない。この時期の吉田茂は非常な決意を持っていた。もっとも重要と彼が考えた食糧問題を担当する農相として、東畑精一東大教授の引き出しのため、文字通り三顧の礼をとったのはこのときである。そして、それが失敗したあと、党内の反対を押し切って和田博雄を農相としているが、それは彼が、組閣のために和田と起居をともにし、その人物が気に入ったためである。組閣後も吉田は食糧問題の解決を人任せにせず自らまじめに取り組んだ。そして、そのことを思って眠られぬ夜には、彼のお気に入りの娘、麻生和子に「何かぶっつけるような話し方で」胸中を打ち明けたと言われる。

ところで、彼が組閣のときに示した交渉術は、彼の占領軍に対する交渉のパターンを示したものとして考えるとき、非常な意味を持ってくる。すなわち、彼は騒然たる世相に総司令部の注意を集めることによって、日本の復興という仕事に占領軍の努力を集めさせようとしたのであった。それは、日本の国家利益に合致した必要な行為であった。しかも、同時に吉田のような保守派の利益にもなった。

実際、第一次吉田内閣が成立した昭和二十一年五月から昭和二十二年の二・一ゼネスト禁止に至る時期は、異常な時期であった。占領軍の手によって政治権力は弱められ、新しく結成された労働組合は、当時の生活難も手伝って、きわめて激しい活動をおこなっていた。革命前夜の観さえあった。九月の国鉄の争議に始まり、十月五日には放送労組がストに入ったため、政府による放送以外の電波は消えた。次いで東芝のストライキ、電産の闘争による停電ストなどがつづいて、やがて二・一ゼネストへとつながって行ったのである。

しかし、はっきりしていることは、革命は起こりようがなかったのだ。日本政府の権力は弱かったが、日本には占領軍という強力な権力が存在した。彼らは決して保守政府を維持しようとは思っていなかったし、思い切った改革をすすめていた。しかし彼らは統治しなくてはならなかった。その結果占領軍はまず統治し、次いで改革するという根本的なジレンマに直面しなくてはならなかったのであり、吉田は二・一ゼネストを前にしてそこを衝いたのであった。そして二・一ゼネストの前日、マッカーサーはその禁止を命令した。それは統治者として当然の行為であった。

こうして占領軍の関心は、改革ということから復興へと、次第に移っていった。やがて、米ソ関係の悪化という国際環境の変化によって、日本の復興が目的としてはっきり打ち出されるようになる。昭和二十二（一九四七）年五月八日、国務長官アチソンがその演説のなかで、ドイツと日本を「ヨーロッパとアジアにおける大きな二つの工場」と呼んだのは、その最初の兆候であったが、その背後にはソ連の封じ込めという政策から見て、日本に対する脅威は外からの侵略よりは内からの転覆であるから、日本を経済的に復興させ、その社会的、政治的体制を強化すべきであるというケナンなど政策計画局を中心とする人々の考え方があった。事実、昭和二十三年二月には、ジョージ・ケナン自身が日本を訪れて、マッカーサーに日本の実業家たちの追放緩和を説いた。昭和二十三年の後半に財閥解体のための措置が緩和され、逆に過激化していた日本の労働組合運動が抑制されたのは、こうした事態の発展にもとづくものであった。その布石は吉田茂によって昭和二十一年になされていたと言えるであろう。

もちろん、この時代の彼の行動は決して計算されたものではなかった。それはむしろ、本能的な反応であったと言えるだろう。しかし、彼が目指すものが復興であって、占領改革に対しては、それをできるだけ日本の実情に合わせることに重点が置かれていたことは疑いない。そしてそれはたしかに日本にとって必要な努力であった。しかし、占領改革に対する彼のこの態度によって、失われたものもあることが注意されなくてはならない。それは、戦後の諸改革のうちいくらかのものが国民にとって異質のものにとどまったということであった。農地改革と教育改革の例がそれを示している。

外からの改革に終わる

保守主義者吉田茂が、自由党内部の反対を押し切って、社会主義思想の持主和田博雄を農相とし、その和田が、非共産主義世界でおこなわれたもっとも徹底的な農地改革をおこなったという事実は、歴史というものが、人間の織りなすいかに複雑なあやによって色づけられるものであるかを示している。実際、吉田茂と和田博雄の間には、その後も共感がつづいた。それは、農地改革を成功裡におこなったという共通の記憶によって強められているのであろう。

たしかに農地改革は、戦後の改革のなかでもっとも成功したものであるが、それは日本の側にも準備があったからである。農地問題をなんとかしなくては日本の農業の停滞と農民の窮状を打開することはできないという認識は、米騒動以来次第に強まり、自作農の維持・創設策など、多くの研究が戦争前からなされていた。和田博雄もそうした認識を持った一人で、彼を中心とする人々は戦争中に興国農村という隠れ蓑の下で、大地主の農地を解放して小作人に与えることを研究していた。この原案にしたがって農地改革がおこなわれたからこそ、農地改革は実情に合ったものとなり、成功したのであった。また、戦前から存在した農民運動が、小作の解放を求めて運動をつづけて来ていたということも、農地改革を実施する段階において必要な、末端における努力を支える原因となった。

したがって、イギリスの秀れた日本研究家R・P・ドーアが日本の戦後の改革について述べた次の言葉は、農地改革についてたしかに妥当するように思われる。「根っから古い、封建的な、権威主義的な日本を『アメリカが』独断で根本から作り直したというよりも、戦後の諸制度の変革はむしろ一世紀の工業化・都会化の当然な到達点であり、その変革が戦後まで引きのばされたのは、昭和の軍事的反動がいわば人工的にそうした社会の『自然な』なりゆきを止め、社会の底辺にあった流れをせきとどめたからに過ぎない」（青井和夫・塚本哲人訳『都市の日本人』三四三頁）のである。

この見方は疑いもなく正しい。しかし、それにしても、せきを切ったのは外からの改革者、占領軍であったこともまた事実なのである。農地改革にしても、その原案は日本のなかで用意されていた。しかし、幣原内閣の閣議で初めてそれが審議されたとき、農地の保有限度は原案の三町歩から、五町歩に引きあげられて、不徹底なものにされた。そして、この不徹底な案でさえ、議会を通過するのには、占領軍の指令という圧力が必要だったのである。だから、農地改革があの形でなされうるためには、占領軍が第二次改革を指令し、強力に推進することが必要であったのだ。農地改革は自然の流れであった。しかし、この自然の流れはせきとめられていて、外からの改革者がせきを切らなければ流れ出さないのであった。

そして、せきを切ることこそ、政治上の重要な行為なのであり、それが普通に革命と呼ばれているものなのである。そのためには、新しい力が育ち、集められなくてはならない。それは同時に、新しいエトスを生み出す。そして革命がひき起こす避けがたい混乱にもかかわらず、それが堕落や混乱に終わらないのは、この新しくて強いエトスのためなのである。だが、日本では、結果としては革命に等しいことが起こったのに、それを自力で生み出す力はなかった。したがって、それは「奇妙な革命」と名づけうるものであった。そして、それはやむをえなかったのだ。だが、外からの改革者がせきを切ったあと、それを国民の運動として育てる、いわば小さな始まりを作ることができなかったであろうか。それは決して不可能ではなかった。たとえば、教育改革に対して国民が示した熱意はその可能性を示している。

昭和二十一年三月訪日したアメリカ教育使節団の勧告にもとづいて、同年八月、教育刷新委員会が作られ、教育の民主化について審議を始めると、日本の国民はこの問題に非常な熱情を示したのであった。教育改革についての重要な決定をおこなったこの教育刷新委員会は、まさしく理想家たちの集まりであった。官僚の制約を避けるため、教育刷新委員会には文部官僚は入っていなかったので、委員たちは、実現できるかどうかはあまり考えずに、理想的と思われる案を作っていった。

教育刷新委員会は、十月二十五日、六年の初等教育につづく三年の中学校を義務制とすることを定め、十二月二十七日には、それを昭和二十二年四月から実施するという思い切った答申をおこなったのであった。それは、当時の財政事情の窮迫と戦災による多数の校舎の焼失という実情を考えると、たしかに現実性を考慮しない計画のように思われた。吉田茂を初めとする政府関係者はこれを不可能と考え、中学校の義務制については三年間に、六・三・三・四制全体については、十年間くらいの間に実施する意図であった。彼らはたしかに、より妥当で実際的だった。しかし、教育刷新委員会の理想的な案は、奇妙にも、日本の国民の気持の半面を表現していたのであった。

従来、六・三制を昭和二十二年四月から実施し、二十三年には高等学校、二十四年には大学について学制改革をおこなうようになったのは、総司令部の圧力によるものであるとされている。たしかに、総司令部は、教育刷新委員会には圧力をかけなかったとしても、政府には六・三制の早期実施を指示している。しかし、総司令部は、ただ単に功名を焦って早期実施を要求したのではなかった。彼らは、日本国民が六・三制の早期実施を欲していると考える十分な理由を持っていたのだ。それは、日本各地から総司令部に寄せられた多くの手紙だった。

当時、このような手紙は、文部省にも、教育刷新委員会にも、そして議会にも寄せられていたが、それはほとんど異口同音に、「日本を復興させるものは教育以外にはない。自分たちは戦争によって国を荒廃させ、何も子孫に与えるものを持っていないが、せめて立派な教育だけはしてやりたい」という気持を伝えていた。さまざまな階層からの手紙であったので、きれいな字も汚ない字もあったし、文章の巧拙もあったが、内容は同一だった。それは、総司令部のアメリカ人たちを感激させた。「貧しい食をとり、みすぼらしい家に住みながら、日本人は教育のことを考えている、なんとすばらしい国民だろう」。

それは日本人のひとつの面だった。日本人は、きわめて実際的な国民でありながら、同時にきわめて精神主義的な国民でもあるのだ。とくに、戦後のあの暗い時期において、それは目立っていた。一方では、日々の生活を維持する努力が懸命につづけられていた。しかし他方では、日本を文化国家として再生することが説かれ、教育に関心が集まっていたのである。人は、貧しい生活を送っているときこそ、高い理想を夢見るものなのかも知れない。しかしそれは、敗戦によって破壊され、否定された信念体系に代る、新しい信念体系を探し求める必死の努力であったと考えた方がより正確であろう。

だが吉田茂は、これを理解するにはあまりにも政治の実際家であった。彼にとっては、不足している食糧をどのようにして手に入れるかという問題や、破壊された経済をいかに早く復興するかという問題が、政治家の扱うべき問題なのであった。そして、当時インフレは日一日と進行し、財政はまさに窮迫していたから、その上さらに、義務教育を三年延長することはとうてい不可能であった。石橋蔵相は頭から反対であった。彼は六・三制を昭和二十二年度から実施する案に反対し、総司令部の圧力にも徹底的に反抗した。田中文相と山崎次官も同じ意見から強い反対をくり返した。

しかし、この問題については総司令部も強硬だった。そこで吉田は、昭和二十二年一月三十一日、田中耕太郎を更迭し、高橋誠一郎（たかはしせいいちろう）を文相に据えた。これは、先にも述べた通り、吉田が総司令部との折衝において用いた手法だった。田中文相による抵抗は限界に達したので、高橋文相によって新たな角度から六・三制実施延期を交渉させるというのがその狙いであった。なんとかして一カ月半延ばせば、二十二年度からの実施は事実上不可能になってしまうだろう、と彼は考えたに違いない。それに、田中は一月の半ばには、少なくとも六・三制の実施だけは早くおこなうべきであるという気持に変りつつあった。彼もまた、日本各地からの陳情に心を動かされたのであった。そこで、吉田はより温和で、したがって自分の思いのままになる高橋を文相にして、時間を稼ごうとしたのであろう。しかし、高橋は総司令部に対しても弱腰だった。彼は就任早々に、六・三制を二十二年度から実施するという言質（げんち）をとられてしまったのであった。吉田はその後も、できるだけ実施をのばそうとしたが、総司令部は強硬で、ついに六・三制は昭和二十二年四月から実施された。しかし、実施が最終的に決ったのは、二月二十六日、実施までに残された日数は一カ月であった。

この六・三制の早期実施をめぐる吉田の行動は、結局、彼の黒星だったと言えるだろう。もちろん、総司令部も性急であったし、初めは六・三・三・四制への改革を全部同時にすることを要求していた。それがこの交渉の結果、一年ごとに中学、高校、大学と改革することに決ったのだった。しかし、彼のマキャベリ的交渉技術が、教育改革を実行する人々の情熱などは考慮せず、くり返されたことは第一の問題点である。また田中から高橋へ文相を代えたことも、牛耳りやすい人を側近に置く彼の悪い癖を表わしている。そして、何よりも、この教育改革は、彼が引延しをせず、国民に訴えて助力を得ることに活路を求めていたならば、国民の広汎な支持の上に立つ、日本国民自体の改革とすることができたかも知れないものであった。あるいは現実の世界においては不可能なことは、あくまでも不可能であったかも知れない。また外からの改革には、なんと言っても現実に合わないところが生ずることも避けられなかったであろう。しかし、政治の実際家であった吉田が、敗戦後の日本の政治を、あまりにも現実的に考えていたことはやはり問題であった。国民に訴えることによって力を得てくるというようなことを、彼は考えもしなかったのである。

それは、終戦後の改革を外からの革命に終わらせることとなった。ドーアも主張するように、おこなわれた改革の内容は、日本の近代化の当然の帰結と言えるものであった。しかし、政治とは、「だれが、何を、どうして」おこなうかという問題である。この場合推進した主要な力は占領軍であり、次いで日本政府であった。そして、そのすすめ方には、この改革を国民のものとする努力がほとんど含まれていなかった。この批評は他の多くの改革についても言えることであろう。そこで、終戦後の改革は「奇妙な革命」として、われわれの共通の遺産となったのであった。

講和への道

ワンマン吉田への期待

第一次内閣時代の吉田を特徴づけるものが、混沌と変革への懸命の挑戦であったのに対し、在野一年半を経て政権にもどった吉田は、安定と復興のためのリーダーシップによって特徴づけられる。ワンマンとして、国民の信頼と賞讃と非難とをともに集めたのはこの時期においてであった。

実際、彼は不思議な仕方で国民の気持を代表していた。たとえば、白タビと葉巻によって象徴される彼の贅沢について考えてみよう。それは当時の苦しくてみじめな日本人の生活とはまったくかけ離れたものであった。しかし国民は、ひそかに小気味よく思ってそれを見ていたのだ。国民は吉田の白タビと葉巻にかつての日本の栄光の名残りを見出し、敗戦によってうちひしがれない人物を発見したのである。また、彼のいわゆる暴言も、非難されるとともに、多くの国民を痛快がらせもしたのである。だいたい暴言ほどその人の性格をよく表わしているものはない、と私は思う。例の「不逞の輩」という言葉にしても、敗戦後のインフレと食糧危機とストライキのなかで、いったい何が正しいのか、何が誤っているのかがわからなかったとき、政治ストをおこなう人々に「不逞の輩」という大時代がかった言葉を与えたことは、一部の人を激昂させ、一部の人を有頂天にさせ、そして多くの人に強烈な印象を与えたのであった。

要するに、国民は白タビや葉巻や暴言などを通じて、彼が強い信念を持ち、変動する時代のなかで筋を通して来た人物であることを感じとり、そうした人物を必要としていると判断したのであった。実際、彼は混沌たる政界にあって、「憲政常道」を唱えて筋を通して来た。その意味では、彼の政治家生活における重大な瞬間のひとつは、彼が昭和二十二(一九四七)年の選挙で社会党に政権を譲ったときであったように思われる。この選挙の結果は、社会党一四三、自由党一三一、民主党一二一であったが、彼は連立工作などはせずに、社会党にさっさと政権を譲り渡した。彼のこの意志を伝えに行った松本重治によれば、社会党は驚いていたという。

吉田は、このとき社会党に政権を譲ったのは、第一党が政権を担当するという民主政治のルールを確立したかったからだと言っているが、これは額面通り信じてもよいであろう。吉田を民主主義的精神の持主であると言うことはできないけれども、彼は民主主義を政治のルールとして理解し、その限りにおいてきびしくルールを守る人物だったからである。それに彼は、社会党も民主党も一回は失敗するであろうと感じていたにちがいない。この戦争直後の二、三年に政権を担当することはきわめて難しいことであり、懸命の努力をしても、好評よりも悪評を得る率が多かった。だから、一回政権を社会党に渡してみるのも一策だと彼は考えていたかも知れない。

そうは言うものの、野に下ることはたいへんな決意を要したことであった。事実、社会党が連立を申し出たときにも、この申し出を受け入れてほしいという希望は自由党内に強かった。しかし、彼は社会党左派が容共的であることを指摘し、「反共と容共とが連立内閣を作ってみたところで、気の合わない二人三脚みたいなものだ」として、はっきりことわったのであった。たしかに、彼の行動には筋が通っていた。それだからこそ、社会党と民主党が失敗と疑獄でつまずいたとき、国民の支持が彼に集まったのであった。

昭和二十四（一九四九）年一月の総選挙における自由党の勝利はまさに地すべり的なものであった。自由党は昭和二十二年四月の選挙では議席一三一、議席占有率二八・七％であったのに、今や民自党として議席二六四、議席占有率五六・七％と絶対多数を獲得した。これに対して、政権の座に耐ええなかった社会党は議席一四三、議席占有率三一・四％から議席四九、議席占有率一〇・五%へ、民主党は議席一二一、議席占有率二六・五%から議席六八、議席占有率一四・五%へと大きく転落した。こうして戦後初めて単独で多数を制しうる政権が生まれたのであった。

　国民は改革と混沌に倦き、安定と復興を望んでいた。実際、改革の時代のあとに復興の時代が来たことは自然の成行きであったように思われる。昭和二十四年の日本は昭和二十年の日本とはきわめて異なる日本だった。「奇妙な革命」ではあったが、やはり革命が起こっていたのだった。そこには、自力でおこなう革命におけるほど、はっきりはしていなかったが、やはり興奮と期待の波が見られた。昭和二十二年の選挙では社会党が、実力以上に票数を集めたことも、この時期には変革への期待が強かったからである。しかし、いつか人は変革に疲れ、常態にもどることを欲する。それが昭和二十四年以後の数年の人々の気持だったし、多くの知識人の悲嘆にもかかわらず、それは正しい本能的判断であった。

　そしてこの選挙に際して、吉田茂は池田勇人(いけだはやと)、佐藤栄作(さとうえいさく)、前尾繁三郎(まえおしげさぶろう)など多数の中堅官僚を登場させることによって、政党に新しい血を注入し、政策を遂行する能力をつけた。昭和二十三年の夏、当時野にあった吉田茂は、「これからの政党は政策の判る人がいなければ発展しない」と考え、優秀な高級官僚を集めて勉強会を開いていた。池田勇人、佐藤栄作などはこの勉強会に参加したメンバーだったのである。「吉田学校」はこのときに始まったのだし、そこではまじめな政策論議がおこなわれた。それは吉田内閣の中核となり、戦後保守党の中核となって行った。こうして大量の官僚が保守党に入ったことには、政党の官僚化というマイナスの面もあったけれども、しかし、優秀な人材の登用に役立ったこともまた事実なのである。

多数講和か全面講和か

国民は復興と安定への地道な努力を通じて国際社会に復帰することを望んでいたのだった。この望みこそ国民が吉田に託した最大の願いであったと言えるだろう。それは吉田の願いでもあった。しかし、どのような形で国際社会に復帰し、そこで何を求めるかということになると、人々の意見はさまざまに分かれていたのである。なぜなら、日本人は「夢見る国民」であった。戦争に敗れたとき、日本人は平和的な文化国家という理想をかかげたし、それは疑いもなく正しい決意だった。しかし、この理想を実現するためにも、なんらかの力が必要であり、経済繁栄という基礎が不可欠であることを考えた人は、ほとんどいなかったのである。

日本人は戦争を道義的に否定してしまったため、戦争に迷い込むようになった原因を考えてみようとしなかったし、またどうして食べて行くかという問題の重大性を認識しなかったのである。もちろん、日本人は日々の生活についてはきわめて現実的な態度で彼らの日々の努力をつづけていた。しかし、国際関係になると話は別だった。むしろ、現実の社会では果されえない理想を、国際関係にかけるような傾向があった。平和と中立は、したがって決して現実的に考えられなかったのである。ここに、憲法第九条が、ほとんどなんの危惧の念も伴わずに受け入れられた理由がある。

しかし、当時渉外関係といやしまれて呼ばれていた仕事に携わっていた人々は、いやでも、敗戦のきびしい現実を痛感せずにはいられなかったのである。彼らは各連合国からどのような要求が出されているかを知っていたし、その結果、日本がどのような講和に甘んじなくてはならないかを察知することができた。とくに講和条約の下準備をしていた外務省の研究グループは、暗い気持であったことだろう。彼らは、ポツダム宣言、イタリアなどとの講和条約、極東委員会の記録、総司令部の指令、賠償使節団の報告など、公開された資料に、入手できるかぎりの情報を加えて講和条約案の想定大綱を作り、それに対して日本側の要望を付ける仕事をおこなっていた。領土問題、賠償問題、軍備の撤廃、日本の経済能力、日本の海運業などを初めとする、三五、六の項目が設けられ、その各項目について厖大な参考資料を作成するとともに、連合国の態度が変化するごとに想定大綱を変え、それについて新たな要望を付けるという仕事がくり返された。しかし、この地味で、あまり愉快でない研究は、講和条約の締結にとって必要不可欠な基礎作業となったのである。

日本の安全保障をどうするかという問題についての、態度の相違もこのときから見られる。昭和二十二年ごろ、日本の世論とくに知識人たちは、戦争放棄を憲法に規定した日本の生きる道は、高い道義の力によってであると考えて疑わなかったし、国際連合によって支えられた新しい国際秩序に大きな期待をかけていた。率直に言えば、彼らは日本の安全保障の問題はあまり考えていなかったといえよう。多くの日本の知識人はユネスコ憲章の理想主義の哲学、「戦争は人の心のなかに生まれるものであるから、人の心のなかに平和のとりでを築かなければならない」という立場を、そのまま彼らの立場としていたように思われる。

しかし、吉田茂は、権力政治的な考え方を完全に否定するには、あまりにも外交の実際家であった。そこで彼は、日本の周囲に無防備中立地帯を作って、戦勝国に保障してもらう案を研究させた。それは、権力政治的要素を考慮し、かつ日本が軍備を持てないという事実から出発した場合、唯一の現実的な案であったように思われる。とくに、日本の中立について、日本の周囲もまた、中立無防備地帯とされなくてはならないと彼が考えたことは、彼がこの時期においても力の果す役割を重要視したことを示している。しかし、それはさまざまな困難を含むものであった。とくに、無防備地帯をどこまで拡げるかが大きな問題であった。けれども、彼は、戦勝国が日本の戦争放棄と戦力不保持を平和条約に規定しようとする場合の日本の主張として、無防備中立地帯案を研究したのであった。彼は、無防備中立地帯が作られなかった場合、平和条約に日本の兵力不保持を規定されることを拒みたいと考えていたように思われる。

しかし、まもなく国際政治の情勢は大きく変った。米ソの協調は崩れ、国際緊張は増大し、冷戦は明白な事実となったのである。かくて、権力政治に代って世論に支えられた国際連合が国家間の関係を規制するというばら色の夢は、崩れ去ってしまった。同時にそれは、日本の安全保障の問題を現実的な問題として押し出すことになった。当然、講和もまた、異なった角度から検討されなければならないことになった。そして、国際政治に対する基本的態度の相違が具体的な形をとって現われて来たのは、この緊張した国際政治のなかで、日本の講和問題が論じられるようになったときであった。

多数講和か全面講和かという形で知られているこの対立は、直接にはアメリカの対日講和に対する態度の変化によって生じて来たものであった。昭和二十四（一九四九）年の夏、中国の内戦において国民党が敗北したため、アメリカは極東政策の中心を日本に移し、極東における反共体制を結成しようとした。そのためには、日本との間の講和を早く結ぶ必要があったが、問題はソ連であった。すでに、日本との講和問題について、アメリカは極東委員会を構成する十一ヵ国により、多数決方式で対日講和予備会議を開催することを提唱し、一方ソ連は拒否権のある米英ソ華の四大国方式を主張して譲らず、交渉はまったく行き詰っていた。そこで、ソ連が同意しなくても対日講和条約を締結する可能性が検討され始めたのである。

昭和二十四年九月三日の『ワシントン・スター』は、その社説においてこの可能性を示唆している。一方、イギリスのベヴィン外相も同じ考えを持っていた。そこで九月十三日から開かれたアチソン＝ベヴィン会談においては、対日講和条約の交渉を早く再開することに意見の一致を見たのであった。このようなニュースが伝えられるに及んで、日本でも単独講和の是非をめぐって論議が戦わされることになったのである。

それはいくつかの基本的問題にからむ対立であった。まず、それは冷戦という現象の意味にかかっていた。理想主義者にとっては、それは国際連合の理想が危機に瀕することを意味したし、そこから、この理想を支えるために少しでも努力する必要が導き出された。またそれは、国際連合の理想の上に安住していた憲法第九条をより実現困難なものとした。だから、第九条の立場から出発するかぎり、国際連合の理想を支える努力は倍加されるべきであった。かくて、全面講和論の立場が出てくる。憲法第九条によって戦争を放棄した日本の安全は世界政治の安定にもとづくほかはないのだから、米ソの対立を激化させる多数講和は避けるべきである。つまり、それは国のあり方にかかる問題であった。それに、そこには冷戦における米ソの対立を無意味と見る思想が暗に含まれていたのである。

だが吉田茂にとって、米ソの協調が破れ、対立関係が発生したことは、その両者の間に介在する日本の価値が増大したことを意味した。それは敗戦国日本にとって乗ずべき機会であった。かつてのすべての講和条約において、戦勝国の間には戦後処理をめぐる争いが発生した。そして、敗戦国の乗ずるところはこの対立なのであった。だから吉田は講和の時期が来たと判断したのであった。さらに、彼は安全保障の問題をより切実に考えていた。彼は中立地帯案の困難さを、すでにおこなった研究から十分に知っていたように思われる。

また、彼は米ソの対立を、意味のないものとは思わなかった。彼は戦前から英米との協調こそ、日本の生きる道と信じていたのである。すでに明らかにしたように、吉田茂は主として経済的な意味での力と国家的利益の立場で国際政治を考えていた。彼はその意味で日本に名誉ある地位を回復したいと思って来たし、それが「戦争で負けて外交で勝つ」と彼が言ったとき考えていたことであった。そして、いまやその好機が訪れたのであった。

かくて、全面講和論者が考えていたのはよりよき世界のための日本の役割であり、吉田茂が考えていたのは日本の具体的利益であったと言える。これは、抽象的なレベルでは永遠の問題である。国家は富み栄えていなければ、国際関係において建設的な役割を果しえない。しかしそれと同時に、その力を用いるには、国家のあり方が高い価値によって支えられていなくてはならないのである。しかし、外交にとって問題にすべきものは具体的利益なのではなかろうか。とくに、あの国際政治の現実の文脈において、全面講和論の説いたところは絶望的な抵抗以外の何ものでもなかったように思われる。はたして、全面講和と永世中立が可能になるまで待つこと、すなわち米ソの対立が緩和するまで待つことが、意味のある可能性だっただろうか。それは疑いもなく、日本の経済復興をおくらせただろう。それに米ソ間の緊張はいったいいつ緩和しただろうか。それはその結果をまったく予測できない政策であったのだ。そして、それだけでも、現実の政策として成立しえなかったように思われる。

しかし、と人は言うかも知れない。可能性のきわめて少ない政策も説かれるべきである。まったくこの立場は知識人の倫理として、尊重されなくてはならない。だがそれは政治、外交の実際家としての吉田の倫理と相反するものであった。政治上の議論に対する吉田の倫理は、西園寺公望から彼が教わったものであった。彼が日本の連盟脱退反対の意見を西園寺に述べたときのことを、彼は次のように書いている。

「私の話を黙って聞いておられた老公が徐ろに言わるるには『貴君のお説には抽象的には賛成であるが、具体的には反対である』ということであった。その時私は内心、抽象的に賛成、具体的に反対とは、何を意味するのか怪訝に堪えない面持ちでいると、つづいて老公は急に厳格な口調となり『かかる国家の重大事を論ずるにおいては、一身を投げうつだけの決意なかるべからず、貴君にその決意ありや』と言われた。その時の老公の態度には、自ずと襟を正さざるを得なかったのである。

白状するまでもなく、この時、私は生意気な議論はしたものの、肚の中では別にこの問題のために自分の生命を賭けてもなどという考えは毛頭なかった。なるほど、苟も国事を談ずる場合には、そのくらいの意気込みがなければ、余計なことなど言うべきではなく、また為すべきではないと悟った。老公の厳粛なる態度、今なお私の眼前に髣髴とする思いがある」（『回想十年』第四巻　一三〇頁）

ここに、吉田が、中立と全面講和を唱えた東大総長南原繁を「曲学阿世の徒」として非難、その後もなお、それが正しかったと思っていた倫理がある。それは、現実に可能か不可能かを一応離れて理想を探求し、発言するという知識人の倫理と激突することになった。

それは、悲劇であった。しかし、この二つの倫理のあるべき関係は、つねに衝突しながらたかめ合って行くものなのだ。それが激突となり、ひびが入ったままになってしまったのは、やはり両者が自己の領域において過ちを犯したからなのである。たしかに知識人は現実性からはなれて発言することができる。しかし、そのとき彼は自らの非現実性と、その非現実性の持っている政治的効果を自覚すべきではなかろうか。そして、彼が現実案として述べるとき、彼は政治の倫理にしたがうべきではないだろうか。

一方吉田は、ときには空論をも混じえた議論が、民主主義の危険であるだけでなく、強さでもあることを認めていなかった。そのため、彼は、講和問題について国民の世論をとりまとめるという仕事をやらなかったし、やろうともしなかった。彼は一方では、国会内で講和問題につき、仮定にもとづいて議論がおこなわれることは、対外的に微妙な影響を与えるから避けるべきだとし、全面講和か単独講和かを決めるのは戦勝国だと述べながらも、全面講和への一つの道として単独講和でもよいという意見を発表しているのである。それは当然、秘密外交ではないかという批判を生んだ。

事実、彼は秘密外交を欲していたのだし、それには理由がなくもなかった。昭和二十四年の末には、アメリカは単独講和をおこなうか否かについて、いまだ態度を決定していなかったのである。とくに、占領をつづけようとする国防省と早期講和を望む国務省の対立は、いまだ解決していなかった。したがって当時は、単独講和促進というニュースと、講和条約なき講和というニュースが交互に入ってくるような状態であった。この重要な時期に、講和条約についての論議がなされ、単独講和に反対するような言動がなされることを、吉田は苦々しく思ったにちがいない。吉田は、講和条約への道筋を、伝統的な外交交渉の積み上げとして見ていたし、この見地に立つならば、吉田が講和条約についての議論を好まなかったのも当然なのであった。

ふり返ってみると、日本の講和への道筋は二つあったと考えられる。ひとつは、国民運動を盛り上げて、その力によって講和を獲得する方法であり、他のひとつは、吉田のやった方法、すなわち外交交渉によるものであった。第一の方法は理想的に思える。しかし、それは決して容易ではないし、英雄的ではありえても、利益をもたらすものであったかどうかは疑問である。

ただ、問題なのは、吉田が国民に呼びかけ、世論の力を集めて、彼の外交を支える力にすることを怠っただけでなく、それを嫌い、かつ軽蔑したことにある。彼がこの時期に世論に呼びかけなかったことは理解の余地がある。しかし、彼はこの時期に、世論の形成者に対する私的な働きかけを始めるべきだった。イギリスの首相は英国銀行の頭取と『タイムズ』の編集長とに絶えず連絡し、自らの立場を説明するとともに、相手の意見を聞くという。つまり、政治、経済、そして世論が、国家を支える三本の柱なのである。しかし、吉田はこの第三の柱を持っていなかった。それは彼の固い信念に内在する欠点なのであった。

しかし、多数講和というアメリカ側の動きに沿って行動することを決め、アメリカがこの方向に踏み切った事情を利用して有利な講和を交渉しようという基本線を確立した後の、吉田茂の交渉は見事だった。それは、政治、外交の実際家、それに徹した職人としての彼の生涯の頂点となるのにふさわしい。

安全保障をめぐる交渉

アメリカが対日講和を決意したとき、吉田のしたことはまず待つことであった。「われわれは辛抱することが大切だ。また、われわれは待つことができる」と、彼は五月の半ば、『ル・モンド』の記者ロベール・ギランに語っている。アメリカは日本に期待を持ち始めている。だから、アメリカはかならず積極的に動いてくるだろうし、その場合日本の利益を考慮するようになるだろう。日本はあまり急いではならない。彼はそう考えていたのだった。

ただ、彼は講和条約の締結に際して決め手となる点については、同じころアメリカを訪れていた池田勇人に秘密のメッセージを託して、その態度を明らかにしていた。すなわち、講和条約を結んだのち、アメリカが極東およびアジアの安全保障のために日本に軍隊を駐留させるのを必要と感じていて、しかも「もしアメリカ側からそのような希望を申し出にくいならば、日本政府としては、日本側からそれをオファァするような持ち出し方を研究してもよろしい」(宮澤喜一『東京―ワシントンの密談』五四頁)と彼は述べていたのであった。

これに対して、ダレスは六月下旬に日本再軍備の要求を持って日本を訪れた。そして、吉田はこの要求を頑としてことわった。「経済もいまだ回復していないのに、再軍備をするのはおろかなことだ」というのが、吉田の主張であった。それに、日本が再軍備をすればアジア近隣諸国が日本軍国主義の復活を恐れるだろうし、だいたい、日本は憲法で軍備を持たないことになっているから、持てるはずがないと彼は付け加えた。そして、吉田は彼の主張を支える手を打っていた。

彼はマッカーサーに対し、日本の再軍備は無理だという立場を前もって説明しておいた。奉天総領事時代と比べて、彼は交渉者としていちじるしく進歩していたのであった。

この吉田とダレスの交渉の第一ラウンドは、いわば引分けで、結論を得ることはできなかった。その結果、再軍備問題は棚上げとなり、日本に残存する旧陸海軍の遊休設備を活用して、米国を助けるということで妥協を見たのである。

講和問題は、ダレスの訪日後わずか数日で始まった朝鮮事変にもかかわらず進展し、秋には来春に講和会議が開かれる見込みがほぼ確定して来た。そこで外務省も、その準備を本格化したが、その場合もっとも問題となったのは、日本の安全保障の問題であった。吉田は、日本が当分の間、再軍備しないことを絶対条件と考えていた。そこで、日本が軍備を持たずに安全を保つ方法が問題となったが、ひとつの方法は日米間に協定を結んで日本の安全を計ることであった。それは疑いもなく現実的な方法であった。

しかし、この方法ひとつに決めておくことは、交渉に際しての柔軟性を欠く恐れがあった。そこで、昭和二十二年ごろから研究されていた無防備中立地帯案が、第二の可能性としてとりあげられたのである。この場合、どこまでを無防備地帯にするかが困難な問題であった。多くの案が作られ、差し戻された。だから、外務省には、陽の目を見なかったいくつかの文書がひそかに眠っているはずである。

同様の作業は、数人の有識者を外相官邸に招いての討議でもなされた。そこに集まったのは、古島一雄、小泉信三、馬場恒吾、佐藤喜一郎、下村定、堀悌吉などの他二、三人のメンバーであったが、その討議の焦点もやはり日本の安全保障の問題であった。そして、中立地帯案について東久邇宮内閣の陸相下村定は、もし作るとすればソ連、中共の領土の一部を含めたものにならざるをえないが、その実行はほとんど不可能である上に、軍事技術が進歩した今日においては、日本の安全を保障する上に、限られた効果しかないことを力説したのであった。

　ともかく、こうした討議を通じて無防備中立地帯案も、一応の形を整え、十一月には条約案の形をとっていたのである。吉田はこの第二の条約案について言っていた。「平和条約の交渉にあたっては再軍備はしないという建前でゆく。そのためには非武装とか軍備制限というような理想案を添えて、『これでゆくのだ』と提言する必要があるかも知れない」（西村熊雄『安全保障条約論』二七頁）。

　吉田がどのような場合に第二の条約案を出すつもりだったのかは不明だし、第二の条約案がいったいどんなものだったかも現在は秘密である。しかし、この案を出すひとつの場合が、アメリカの再軍備の要求がひじょうに強硬である場合であったことは疑いない。また、日本の在り方をしばる規定が要求された場合も、やはり第二の条約案が出されたかも知れない。いずれにしても、彼はこのときには中立地帯案を交渉の道具として考えていたようである。昭和二十二年に彼が無防備中立地帯案を研究させたときとは国際情勢が異なっていたから、当然、それが講和条約の交渉において現実に果す役割も変って来ていた。そして、どちらの場合も、現実主義者が手段として用いうる中立の用途を示すものとして、きわめて興味深い。

こうした準備の末、ダレスと吉田の間に、昭和二十六（一九五一）年一月末、本格的な話合いが始まったのである。第一回の会談は一月三十日の午後四時半から始まり、アメリカ側は日本の安全と再軍備をまず議題として取り上げた。ダレスは前年と同じ議論をくり返し、吉田もまた同じように反駁した。一時間半ほど意見の対立がつづいた後、ダレスは「私は六時にマッカーサーに会うはずになっている。いっしょに会おう」とマッカーサーに裁定を求めた。吉田はこれに喜んで同意した。今度も彼は、マッカーサーに然るべき手を打っていたのである。はたして、マッカーサーは吉田の再軍備尚早論に賛成し、日本から、軍備をしないで安全を保障する方法を提示することになったのであった。しかし、いつこれを提示するかが問題であった。彼は何よりも経済問題を重視していたからである。

その夜、多くの経済官僚が外相官邸に呼ばれ、首相、井口貞夫外務次官、西村熊雄条約局長などと徹夜することになった。翌三十一日、吉田はこの作業にもとづいて経済関係官僚の要望を伝えた。安全保障に関する第一案の提出を命じたのはそれから数日後だった。この過程で彼が何を求め、何を得、何を失ったかは、いまだ知ることができない。しかし、彼がこの交渉に全力を費したことは疑いない。

彼は問題をひとつひとつ考え抜いて構想を練って行った。日が暮れたのも忘れて彼が外相官邸の庭に立ちつくしていたのを、彼の協力者たちは見たし、平常はずぼらな首相が書類に対して細心の注意をはらうのに驚きもした。そして、彼の友人は、この交渉が終わったあと吉田に会って、吉田がげっそりやせたのを痛ましく思ったそうである。その後、日本の造船能力を英国が制限しようとしたときもあったが、吉田は巧みにその危機を切り抜けた。かくて、講和条約には、日本の経済を制限する項目は規定されなかったのである。

講和の代償

この交渉で、吉田は自らの欲するものを手に入れた。多数講和、しばらくは再軍備しないという約束、そして寛大な経済条項などである。だが、彼はそのための代償をも支払わなくてはならなかった。まず、日本はソ連を初めとする共産主義陣営の国々との間の平和処理をおこなうことができなかった。サンフランシスコ平和会議は日本を西欧陣営の一員として国際社会に復帰させるものであったから、それは当然のことであったが、しかし、「多数講和」が将来に課題を残したことは間違いない。次に、彼は平和条約第三条によって、沖縄をアメリカの統治下に置くことを承認しなくてはならなかった。沖縄の戦略的な重要性から、それをアメリカの支配下に置くべきであるという要請は、アメリカの軍部とくに海軍のなかに強く、そのために沖縄に特殊な法的地位を与えようとする試みは早くからなされて来ていた。たとえば、一九四五年の初めスチムソンは、沖縄は「防衛拠点」(defense posts)であるから、その法的地位を国際連合の信託統治理事会においてではなく、連合国の「四カ国会議」で決定すべきであるという提案をおこなっている。また、マッカーサーも、一方においては日本は「太平洋のスイス」たるべきであると、きわめて理想主義的な立場をとると同時に、他方ではアメリカは太平洋を支配しつづけるべきであるとし、そのために沖縄の領有を主張していたのである（フレデリック・ダン『日本との平和処理』五四—五九頁）。こうした経過から見て、沖縄の施政権をアメリカが強硬に主張し、日本がそれを承認せざるをえなかった事情は想像に難くない。そして、当時の日本においては、沖縄の施政権をアメリカに委ねることは、当然のことと考えられたのか、それについてほとんど議論はおこなわれなかった。

吉田が講和のために支払った、おそらく最大の犠牲は、講和条約の批准のために国民政府を承認しなくてはならなかったことである。そして、これは彼の見込みちがいだった。彼は、多数講和を決断したときには、二つの中国政府に対して日本がどういう態度をとるかは、日本の決断に任されると考えていた。それは決して一方的な希望的観測ではなかった。イギリス政府はそのような考えだったし、アメリカ政府にそのように働きかけていたのである。

しかし、情勢は一年あまりで大きく変ってしまった。政権が民主党から共和党へと移り、国務長官がアチソンからダレスに代ったことは決定的な重要性を持っていた。サンフランシスコ平和会議のころから、この二人の態度が国府政策において微妙に食い違っていることが感じられていたのである。しかもアメリカ国内では反共十字軍的雰囲気のたかまりとともに、チャイナ・ロビーが勢力を強めていた。その結果、米上院で講和条約の批准を確保するために、吉田は国民政府を承認しなくてはならなかったのである。

それは、日本の中国政策に対する封印であった。だから、吉田茂の記録のなかで、中国政策に関する箇所は一ページも書かれないことになった。おそらく、中国問題こそ、吉田の外政家としての真価を示す試金石となったであろう。しかし、その機会は講和条約のための犠牲として失われた。そして、日本の中国政策は呪文をかけられたように動かなくなってしまったのである。

もっともその後彼は、中共に対する種々の政策を考え、それを自由主義陣営の指導者に語ったりもした。そしてそこには、いくつかの卓見があった。たとえば、彼が昭和三十二（一九五七）年に、中ソ対立の可能性に注目し「中ソを疎隔に導く方途」を講ずべきであると主張したことは、彼の外交的感覚の鋭さを示している。彼は、一九五四年のジュネーブ会議に現われた中ソの微妙な態度の相違を見逃さなかった。中国は主動的な地位をいっそう主張するようになるだろうと、彼は感じたのであった。より基本的には彼は「一国の政治形態は、その民族の性格およびその歴史の産物である」と考えていた。それ故、彼は空想的、夢想的なロシア人と現実的で利害に鋭敏な中国人との間がうまく行くと思わなかったし、とくに自ら中華、中国と称して矜持（きょうじ）の高い中国人が「永くソ連の駆使」に甘んずるものではないと判断したのであった。彼は共産主義に対してはっきりと批判的であったけれども、イデオロギーを国際政治におけるもっとも重要な要因とは考えなかったのである。そして、彼が国際政治に対するイデオロギー的な見方に捉われなかったことは、第二次世界大戦前にそうであったように、第二次世界大戦後にも彼に正しい判断を下すことを可能にさせたのであった。

また、彼はあるときは、東南アジアにおいて自由主義が繁栄と富とをもたらす能力を示すのが根本的対策と考え、あるときは中共との経済関係を促進することを考えたりもした。たとえば彼は昭和二十九（一九五四）年秋の外遊で、英国の東南アジア総弁務官マルコム・マクドナルド（ラムゼー・マクドナルドの長男）と会い、自由主義諸国が協力して東南アジアの経済開発に努め、この地方を繁栄させることによって共産主義に対抗することを説き、それこそ中共に対する根本的対策だと主張し、他の欧米の政治家たちにもこの考えを説いて廻った。またマクミランやドゴールに対して、アメリカは過去の因縁もあって、中国に対して頑な態度をとりつづけていて当分変化しそうもないから、イギリスやフランスが主導権をとって中国との間の経済交流をおこない、中国を国際社会に連れもどす必要があると述べた。ドゴールはこの吉田の意見を傾聴したそうで、吉田は、それが「ドゴールが中共を承認した最初の段階であったと思うのですよ」とさえ述べている（NHKテレビ『わが外交を語る』）。

しかも、吉田茂の中国に対する考え方は決して確固たるものではなく、ゆれ動き、ときには矛盾するものであったように思われる。彼は東南アジアに失望したり、また思い直したりした。さらに、彼は一方ではドゴールやマクミランに対して、中国との間の経済交流の必要を説きながら、他方日中貿易に対する過大な期待を強く戒めた。それどころか、彼は台湾との関係を調整するために台湾を訪れて、悪名高い「吉田書簡」を送り、日中貿易に携わる人々に大きな頭痛の種子を作り出してさえいるのである。他方、彼は早くから蔣介石に対して大陸反攻に反対の意思を伝えて来た。彼は、状況の流動性と複雑性からして、中国との関係を打開する決め手はなく、間接的な方法と一進一退の試行錯誤以外に方策はありえないと考えていたように思われる。彼は昭和三十八（一九六三）年に書いた論文のなかで、中国をめぐる複雑な状況に触れて述べている。

「要するに、共産圏をめぐる世界の複雑困難な事態は日本に何のかかわりもなく、また責任もなく発生し且つ継続している。極言すれば、日本は自ら如何とも手の加えようなき環境の中に戦後復帰して今日に至っているのである」（『世界と日本』一四四頁）

その年の暮れ、周鴻慶事件から日台関係は大いにこじれた。当然、吉田茂を多くの人が訪れ、意見をたずねた。そのようなときの吉田茂の考え方を、昭和三十九年二月十日の『毎日新聞』は次のように描写している。

「昨年の暮れも押しつまったある日。神奈川県大磯の吉田元首相邸の二階応接室では、一人の訪問客と、長時間にわたる話し合いが続けられていた。すでに暮色は迫り、いつの間にかおたがいの顔もはっきり見わけられないほどになった。話の内容の重大さを示唆するように、しばしば長い沈黙が続いた。やがて重苦しい空気を破るように、訪問客がいった。

『吉田さん、黄昏（たそがれ）ということばの意味をご存じですか。「たそ」とは「誰ぞ」で、「かれ」とは「彼」のことですよ。誰が彼か、彼が誰か、混とんとして見わけのつかない状況をいうのですよ。黄昏政治、黄昏外交、結構じゃありませんか』

黙って物思いにふけっていた老元首相は、そのことばの意味するものに破顔一笑した」

こうした困難な状況は、今後もかなりの間つづくであろう。その場合、彼の残した言葉や行動は、われわれに貴重な示唆を与えてくれる。とくに、中ソ関係に着目し、この二国を同時に敵に廻さないという考え方と、中国に対する政策は中国の周囲を安定させることにあるという「間接戦略」は、きわめて重要な原則である。しかし、業績について見る限り、吉田茂は中国との関係において資産よりも負債を残したのであった。

商人的政治観

講和条約は吉田茂の政治家としての頂点であった。その後の彼は、急速に没落してゆく。それは、ある意味では醜く、ある意味では痛ましかった。ワンマン政治は、ようやくその欠点を現わし始めていた。とくに、「茶坊主」と呼ばれる側近たちの横暴ぶりが目につくようになって来たし、それになによりも、国民は自由に発言し、多少は時間がかかってでも納得ずくでやって行くことを欲しはじめていたのである。つまり、国民は異なったタイプの指導者を欲していたのだ。かつては、新聞記者に水をぶっかけても信念をもって行動する人を国民は求めた。しかしいまは、新聞記者の質問に快く答える人を望んだのである。吉田茂はそのような変り身のできる人物ではなかった。彼は戦前と戦後とでまったく変らなかった。同じように、講和前と講和後でも、彼は変らなかったのである。

それに、吉田はたくさんのことをやらなくてはならないと思っていたのである。とくに、日本に名誉ある国際的地位を与えるという仕事はやっと始まったばかりであった。ビルマやインドネシアなどの賠償交渉、西ヨーロッパの諸国との友好関係の確立、そしてなによりも中共への対策。外交に徹した人間として、彼は首相を辞める寸前まで、そのことを考えていたのだった。そして仕事に対する執着は、当然権力に対する執着を生む。かくて彼は、多くの雑誌で紹介されているように、最後まで辞職を決意せず、解散を主張したのであった。

だから、彼の権力への執着について語るならば、同時に、彼がその後もなお、日本が国際社会において名誉ある地位を占めるようにという願いをいだきつづけ、努力して来たことにも注目すべきなのである。彼はドイツとの間の借款をまとめ、西ヨーロッパ諸国との関係を深め、オーストラリアに出かけて行った。首相を辞めたあとでも彼は、外交に有用な非公式のチャネルとなった。彼の一生を貫いて流れて来たものは、変ることなく流れつづけた。昭和三十八年に政治生活から引退してからも、彼は同じ願いをいだき、同じ努力をつづけた。彼は外交の後継者を作りたいという願いをいだいていたことだろう。

だが、吉田の評価は、この彼の願いがもっとも強く、彼の努力がもっとも必要とされたとき、日本の危機でもあり、彼の生涯のクライマックスでもあったあの数年によってなされなくてはならない。あの、日本の運命を決した戦後の数年の間に、吉田茂を指導したものは、具体的な意味での国家的利益であった。それはなによりも多数講和と再軍備に対する彼の態度に現われている。

おそらく、日本は理論的には三つの可能性を持っていたであろう。ひとつは、戦争放棄の精神を貫き、永世中立によって安全保障が得られるまで講和を延ばすというものであった。他のひとつは、国内の議論によって再軍備を認め、その上で多数講和をおこなうことであった。そして第三の道が、吉田の実際にとった道であった。このなかで、第一の道は政治家が現実にとりえた道ではなかった。第二の道をとった場合、日本はより多くの軍事的努力を払わなくてはならなかっただろうし、その当時の日本経済はそれに耐ええなかっただろう。

だから、吉田がつねに、彼の第一の業績として、ダレスの再軍備の要求をことわったことをあげ、この行為こそ日本の経済を復興させる上で、決定的な役割を果したものであると自慢したのも無理からぬところがある。しかし、彼はその場合、憲法第九条を交渉の道具として使った。もちろん、彼としては十分な理由があったことだろう。ダレスの強硬な要求に押し切られないために、憲法第九条は強い手段となったからである。

しかし、「再軍備は致しません」と言いながら、実際には少しずつ再軍備をすすめて行った彼の態度は日本の政治に大きな傷を残した。しかも、彼はこの態度を講和のあともつづけた。彼は一方では「なしくずし軍備」の批判を受け、他方では芦田均(あしだひとし)や鳩山一郎など、日本ははっきりと憲法を改正して再軍備すべきであるという立場の人々からも激しく攻撃された。だが、彼はその態度を変えなかったのである。彼は昭和二十八(一九五三)年の末になっても、アメリカに対しては貧弱な経済条件を理由として再軍備はしないと言いはり、一方国内では徐々に再軍備をすすめた。それは再軍備についての決定を無記名のものとし、「奇妙な革命」に内在する国民の主体的決断の欠如を永続させることになった。再軍備は必要であったとしても、それは国民の主体的決断の結果としてなされるべきであったのに、そうはならなかった。

もっとも、再軍備の問題に対する吉田茂のこの態度は、彼の最大の失敗となりうると同時に、最大の業績となるかも知れない。たしかに、憲法改正論と完全非武装論は、国民の意思をはっきりさせるという点では秀れていた。吉田の立場は論理的にはあいまいであった。しかし、彼は完全非武装論と憲法改正論の両方からの攻撃に耐え、論理的にはあいまいな立場を断固として貫くことによって、経済中心主義というユニークな生き方を根づかせたのである。講和条約後においてさえ、もし日本が憲法改正していたならば、日本はアメリカの再軍備要求をことわるのにより大きな苦労をしたことであろう。そのため日本の経済発展の速度はかなりおそくなっていたかも知れない、池田=ロバートソン会談におけるアメリカの圧力はきわめて大きなもので、それに耐えるために池田以下の使節団は必死の努力をしなければならなかったのである。

吉田茂にとって、国際関係においてもっとも重要なことは、その国が富み栄えているかどうかということであった。この、いわば商人的国際政治観は、第二次世界大戦以前から彼の行動を色づけている。だから、第九条を交渉の道具として使ったことも、彼にとって当然のことなのであった。それは結局、敗戦の受け取り方の相違でもあった。

ある人は、敗戦というものが、いかに厳しく日本の経済を傷つけ、講和がその経済能力をいかに制限するものかに目を注いでいた。したがって、彼らの最大の関心事は、日本がふたたび強力な国家になることであった。しかしまた、敗戦をなによりも日本の実現しようとして来た価値の破綻として受け取った人々もあった。彼らは、日本が新しい国家のあり方を見出すことがもっとも重要であると考えた。だから彼らが、憲法第九条を日本の今後の指針として重要視したことは当然である。つまり彼らは、占領軍を改革者として迎え、彼らを触媒として日本を再生しようとした。

これに対して吉田は、敗者として勝者を迎え、なんとかして日本を強力な国として維持しようとしたのである。彼は政治、外交の実際家として力の役割を一度も否定しなかった。やがて日本が力を回復する機会を得たとき、彼はそれを見逃さなかった。この場合、彼が力を構成するものとして経済的なものを考え、軍事力には第二次的な役割しか認めない哲学の持主だったことは、日本にとって幸せだった。なぜなら、この、いわば商人的な国際政治観こそ、戦前の日本の国際政治観からもっとも遠く隔たるものと言えるからである。

この吉田の努力は、多くの国民と共通するものを持っていた。国民の多くは、日々の生活を維持する努力から、彼らの戦後を作って行った。そして、大きく変化した国際政治は、戦前の夢をいかにもこっけいに見せたから、彼らは日本の未来を経済復興に、そして貿易に求めたのである。それは、日本の必要を一応満たした。小さな島国に九千万の人口をかかえた日本が生きる道は、海外との貿易を通じて、すなわち商人的な国際政治観によってなのである。われわれは戦前、同じ問題を生産者的な仕方で解こうとして失敗したのではなかっただろうか。生産者は必然的に土地を求め、満州へ、支那へと生産の場を拡大することを望んだのであった。この意味においては、吉田は日本にとって必要な国際的地位を与えたということができる。つまり、彼は「戦争で負けて外交で勝った」のだ。

しかし、真にそうだろうか。われわれは精神的な真空を持っていないだろうか。現に戦後始めた新しい価値の追求は挫折してしまったではないか。つまり、全体戦争における敗北は外交で勝てるような生易しいものではないのだ。人々の信念体系は敗戦によって動揺する。しかし、吉田の信念は戦前戦後を通じてゆるがなかったし、まさにそれ故に、彼は必死に新しい価値体系を求めている日本人の第二の顔を知らなかった。そこにこそ、吉田の強さと欠点があったように思われる。しかし、私は、敗戦によって人々が動揺したときに同じ信念を持ちつづけていた老人、外交ではとり返しのつかない敗北なのに、「戦争で負けて外交で勝った歴史はある」と語っていた老人を好もしく思うのだ。

それに、彼の国際政治観の限界は、今後われわれが直面して行かなくてはならないものである。戦前の国際政治観の中核は、日本が世界政治においていかなる役割を果すかということにあった。アジア主義が生まれ、東西の懸け橋の思想もここから生まれ、そして国粋主義も発生した。しかし今日、国家は人々がその役割を果すための枠組を与えるだけのものではないだろうか。

日本は国際社会においていかに生きるかに悩んで来たし、今なお悩みつづけている。そして、その悩みのひとつの焦点が憲法第九条をめぐる対立にあること、軍備の必要という国家のあり方の基本問題をめぐる対立にあることは事実である。この国論の分裂は日本の将来のつまずきの石となるかも知れない。そのとき、再軍備について日本国民の主体的判断を求めなかったことが、吉田茂の最大の失敗とみなされるかも知れない。しかし、講和後に憲法改正を強行していたとしても、それは日本の生き方についての悩みをなんら根本的に解決しなかったこともまた否定しえない事実なのである。第二次世界大戦後の国際政治においては、軍事力に関する限り、米ソの優越は圧倒的であり、その他の国々は軍事力を保有していても、それはまったく限られた意味しか持ちえないものであり、それを背景に外交をおこなうことは不可能なのである。レイモン・アロンが言ったように、「現代では、二流の一国家は人間的な表現に十分適した体制ではなくなっている」のだ。そうした二流の国家である日本にとって、国家間に経済関係の網の目を張りめぐらしていくことが立国の基本であり、国際政治において軍事力は二次的な重要性しか持っていないという国際政治観は、まさにふさわしい。そして、そうした国際政治観は日本人が憲法第九条をめぐって、すなわち再軍備をめぐって、あいまいな状況に置かれ、悩まなくては日本のなかに定着しなかったであろう。

現在では国際政治における軍事力そのものが、人間にとって大きな問題を与え、そしてだれもまだそれに対して明快な解答を提出していない以上、憲法第九条についてあいまいな状況が、日本に存在する方がよいかも知れない。憲法の条文をそのまま受け取って完全非武装と割り切ってみても、それを変更して軍備を合法化してみても、巨大な軍備が人類を脅かしているにもかかわらず、それを消滅させる方法を見つけることができないでいるという現在の人間の苦況から、われわれは逃れることができないのである。われわれは軍備を保有し、危機に備えながら、しかもその有効性と賢明さをつねに疑いつづけなくてはならない。だから、憲法第九条が存在し、完全非武装を説く人々があり、国論が分裂していて、つねに軍備の危険が指摘されている方がよいかも知れないのである。

もちろん、ナショナリズムの見地から見れば、国家の防衛というような基本的な問題について国論が分裂していることは悲しいことである。たしかに日本は戦前の素朴で美しいナショナリズムを喪失した。しかし、これからわれわれが生きて行かなくてはならないのは、ナショナリズムとインターナショナリズムと個人主義のからみ合った複雑な世界ではないのだろうか。

（昭和三十八年十一月執筆）
（昭和四十二年十一月加筆）

吉田茂以後

世論と政治

「世論」とは不思議なものである。それは合理的に説明されそうには思われない。とくに吉田茂の場合はそうであった。昭和二十六（一九五一）年九月、サンフランシスコ講和条約調印直後、吉田内閣は五八％というきわめて高い支持率を記録した。しかし、それは半年足らずのうちに急激に減って三三％になり、その後昭和二十九年末に吉田茂が首相を辞任するまで、世論の吉田批判はいっそう強まった。そして彼がようやく辞職したとき、人々はこれを貴重な「世論」の勝利と考え、世の中がなんとなく明るくなったとして大喜びしたのであった。しかし、数年前から吉田茂に対する「世論」の評価はふたたびたかまった。そしていまではいくつかの世論調査で、明治の元勲と匹敵する大政治家であるという評価さえ受けるようになっているのである。

たとえ、ある人物の評価が時代とともに移り変るものであるとしても、その移り変りはあまりにも甚だしい。だから、「世論」を実体なきものと極めつけることは決して困難ではない。おそらく、その方が論理的でさえあるだろう。偉大なジャーナリスト、ウォルター・リップマンが、彼のもっとも懐疑主義的な瞬間に書いた書物の題名のように、公衆は結局のところ、幻のものに過ぎず、公衆とは、まるで状況から疎外された地位に坐っている者かのように、「なにごとが起こっているか、なぜそれが起こっているか、なにが起こるべきかを知らない」ものかも知れないのである。

だがしかし、たとえ公衆が幻のものであり、世論が正確な情報にもとづかない、実体を欠くものとしても、世論は政治の世界の中心に、確固として動かし難い地位を占めているし、ときどき、決定的な役割を果すことによって人々を驚かす。たしかに、世論は政治に対していつも有益な作用を及ぼすとは限らない。世論に対する単純で素朴な信念は、十九世紀とともに、過去のものとなった。二十世紀の歴史は、不幸なことに、「支配的な大衆世論というものは、危局に際しては破滅的な間違いを犯して来た」というウォルター・リップマンの言葉（矢部貞治訳『公共の哲学』二八頁）を裏書きしている。人民は「平和の時には平和的すぎ、戦時には好戦的すぎさせたり、交渉にあたっては中立的または宥和的すぎるか、または非妥協的すぎるように余儀なくさせた」。なぜなら、世論は政治をあずかるものが、すべて背負わなければならない嫌な責務、すなわち、内において秩序を保ち、外においてはさまざまな利害とイデオロギーのさかまく国際政治に対処する責務の困難性を、あまりよく理解しない。それよりも、目前の、具体的な利益や一時の熱狂に動かされやすい。しかし、世論以外に、政治権力に対する有効な制約は存在しないこともまた明白である。世論の欠点を理由に、世論を無視したり抑圧したりする政治は、つねにより大きな失敗を犯して来た。「議会民主主義は今まで実行されなかった制度と比較すれば最悪のものである」という、チャーチルのイギリス人らしい皮肉な肯定は、世論による政治の価値を正確に捉えているのである。

少なくとも世論はその拒否において、しばしば正しい判断を示して来た。それは政治理論家たちによって、ほとんど例外なしに承認されて来たところである。そして、拒否は政治の世界において、大きな機能を果す。なぜなら、現実の世界における可能性を追求する政治において、選択の可能性は決して多くはない。したがって、そのひとつを拒否することは、政治の方向を相当程度決定するのである。自由な世論に対する信念は民主主義を特徴づけるものであるし、世論にいかなる役割を果させるかということが、民主主義の成否を決定するものなのである。

とくにそれは、戦後の日本において決定的な重要性を持つ事柄となった。なんと言っても、戦前の日本の政治において世論は限られた役割しか果していなかった。ところが、戦後の改革によって、世論に重要な位置を与える民主主義の政治制度が作られたし、占領時代が終わって、占領軍という至上の権力者がなくなるとともにその制度が十分に機能し始め、政治のなかで世論は重要な地位を占めることになった。しかし、政治は世論にしたがっていればそれでよいというような単純なものではない。内での秩序の維持と外での安全保障などの責務を果すことはすべての政府にとって不可欠であるが、こうした問題について世論の理解と支持を得ることは難しい。政治の責務を果すことと、世論の支持を得ることとは必ずしも一致せず、ときとして矛盾する。この二つの要請をいかにして調和させるかが、議会民主主義における政治家の最大の課題となるのである。

戦後の日本の政治家たちは、この困難な課題と初めて取り組まなくてはならなかった。当然、多くの失敗が記録された。吉田茂が急速に不人気になり、没落して行ったひとつの理由は、彼がこの課題に応えなかったことであったし、その後のいくつかの内閣の浮沈にも、世論は重要な影響を与えて来たのである。それは岸内閣の打倒において決定的な役割を果した。そして世論がひとつの政治のやり方を拒否したとき、政権を担当するものは異なった政策や異なった政治のやり方をとることを余儀なくされた。政治家は欲するものはなにかを問うという任務に注意を払った。それを契機に日本の政治は変化し、新たな段階にすすむことになった。世論のたかまりは戦後の日本の政治史のいわば節のようなものを作り、その節を境にして、日本の政治は重要な変化を遂げたのであった。

しかし、議会民主主義の政治がわれわれに与える課題はきわめて困難である。われわれはまだ満足のいく答を見出してはいない。しかも、日本の社会は急速な経済発展故に激しく変化し、政治家の責務を増大させる。いったい保守党を与党とする日本の戦後の政治は、どのような道を辿って来たのか。どのような問題が解かれ、どのような問題が残されて来たのか。それがこの論文の主題である。

吉田茂の負債

内政家としての失敗

吉田内閣末期、それを批判する世論のたかまりは、まことに目ざましいものであった。吉田茂は一時は悪役の代表のように言われたし、吉田茂が退陣を余儀なくされたとき、『文藝春秋』はこの退陣を祝賀するような内容の臨時特集をおこない、『朝日新聞』の「声」欄は「むなしくなかった世論の力」という投書を掲載し、「個々の言論は弱くとも、集積された場合は強大な力になること」を確認した。これに対して、吉田茂に代って首相になった鳩山一郎は日本各地で「鳩山ブーム」と呼ばれる現象を惹き起こすほどの人気を集めた。彼を乗せた車が何万という歓迎の人垣に囲まれて二時間も立往生したり、会場が超満員であったため幾人かが天井裏にもぐりこんで演説を聞いたというようなことが、現実に起こったのである。

それは、長期間政権を担当したために腐敗し、独裁的になっていた吉田内閣に対する、人々の自然な感情的反撥であった。たしかに、最後の一、二年における吉田茂の言動は人々を反撥させるようなものであったのである。昭和二十七（一九五二）年六月、それまでに政治ストライキを呼び起こしさえした、問題の法案である破防法を法務委員会が審議している最中に、彼は「疲労のため」と称して大磯に引きこもってしまった。その二ヵ月後には、党内の派閥抗争を自己に有利に導くために、突如として議会を解散した。たとえ内閣に議会を解散する権限があるにせよ、この「抜き打ち解散」は、その動機と方法において、戦前の超然内閣時代の解散を思い出させるものであったのである。そして、その後、半年あまり経った昭和二十八年三月には、社会党の西村栄一議員との質疑応答の間に、「バカヤロー」と口走ったため、不信任案が可決され、吉田茂はふたたび議会を解散しなくてはならなかった。

全体として、議会における彼の言動は、議会と、したがって国民を馬鹿にしたようなものであった。彼は芦田均によって、「吉田氏の議論はサギをカラスと言いくるめるようなものだ」と手厳しく批判されながら、自衛隊は「戦力なき軍隊である」と強弁し、「再軍備は致しません」と言いながら、事実上、自衛隊を作り上げて行った。党内でも、彼は追放解除になった鳩山一郎などとまともに話をしなかった。一方では鳩山との間の「地上最大の友情」について語りながら、他方では「病人と話をする必要はないよ」と突っぱねた。要するに、彼は人の意見を聞こうとはしなかったのである。だから、彼の言葉には相手への軽蔑やシニシズムの臭がただようことになった。

それは、長期にわたって政権について来た人にとりつく病であった。彼は、自分に嫌なことを言う人は遠ざけ、お気に入りの側近に取り巻かれて政治をしたのである。それはまさに、腐敗した絶対権力であった。やがて、昭和二十九年、精神的な腐敗は物質的な腐敗となって現われ、造船疑獄が持ち上って、吉田内閣は崩壊したのである。おそらく、昭和二十八年と昭和二十九年の二年間は、吉田茂の一生の間でもっとも不名誉な時期であったと言えるであろう。世論がそうした吉田に強く反撥したのは正しかった。

しかし、この吉田の没落を「権力の腐敗」だけから説明するのは、おそらく皮相的に過ぎるであろう。それにしては、彼の没落はあまりに急激であった。サンフランシスコ講和条約が結ばれた昭和二十六年には、彼はまったく充実した存在で、政権への慣れからくる怠惰とか、腐敗の陰はまったく見られなかった。それからわずか一年後には、彼のイメージはまったく変化してしまったのである。また彼は首相としてこれだけのことはしたいという使命感を持っていた。彼は国際社会における名誉ある地位を日本に与えるという仕事はまだ始まったばかりだと考えていた。なによりも中共との関係をどうするのかという問題があった。彼は中共に対する政策の中核を東南アジア開発に求めるといういわば「間接戦略」を考え、その実現のために西欧諸国に呼びかけていたのである。彼は政権に慣れて、まじめさを失っていたわけではなかった。

講和条約後の吉田茂の没落の理由は、より深いところ、すなわち吉田茂の能力と彼の政策のなかにあった。つまり、講和条約のあとでは、彼の政治家としての能力に欠けるところと、彼がおこなわなくてはならなかった政策の難しさが表面化したのである。

まず、彼はもっと根本的な意味において政党政治には適していなかった。あるいは彼は外政家ではあっても政治家ではなかったと言った方がよいかも知れない。なぜなら、彼は彼が最高の権力につくのを可能にさせるだけの支持を、自分の力で作り出すことはできない人物だったからである。彼は戦後、政治に出るのをすすめられたとき、それをことわって言った。「もし、政治家になって見たまえ。議会の廊下を歩いていると、どこの馬の骨かわからない奴が肩をたたいて『吉田君』なんて言うだろう。思っただけでぞっとするよ」。それでは、人々の支持は集められはしないのである。

だから、日本が占領されるというような異常なことがなければ、吉田茂は首相にはならなかったであろうし、また、たとえ首相になっても成功はしなかったであろう。もちろん彼は首相としての経綸も政策も持っていた。したがって、彼は首相として第一級の実績をあげることができた。しかし、彼は首相になる能力を持ってはいなかったのである。近代政治学の術語を使うならば、彼は出力、すなわち政策を立派なものにすることにおいては秀れていたが、その政策を支えるための支持、すなわち入力を生み出すことはできなかったのである。だから彼の命令を人々が聞いたのは、「彼の上にマッカーサーという権威があった間」であった。もちろん、彼はマッカーサーに対して卑屈であったというわけではない。彼は他のだれよりも、マッカーサーに対して自己を主張し、日本の尊厳を守った。しかしそれと同時に、彼がおそらく他のだれよりも、マッカーサーを必要としたという不思議な事実も忘れられてはならないのである。

講和条約のあとでは、彼は自分のしたいと思う政策を推進するための支持を自分で作り出さなくてはならないことになった。それには、政治家たちの野望、他の政党の意思、国民の感情などを考慮に入れ、それらを操作することが必要になったのである。池田首相の秘書官であった伊藤(いとう)昌哉(まさや)がいみじくも述べたように、「ひとつの政局の底には、政治力をもった人間たちの感性、情感、わかり易く言えば野心が渦をまいている」。「人事はその野心をつかまえ、ひとつの組織に組みあげることである」(『池田勇人その生と死』一九三頁)。ところが吉田茂には、こうした操作ができなかった。少なくとも、戦時中追放されていた政党政治家たちが復帰し、彼らの秀れた人間操作力によって吉田体制をゆすぶり始めたとき、彼はそれを単純に敵としてとらえ、対応した。彼は彼の政敵に対して、なんらの敬意も払わなかった。三木武吉（みきぶきち）は単なる策略家であり、河野一郎（こうのいちろう）は野人として片づけられてしまった。

しかし彼の敵手たちは、少なくとも支持を獲得することにかけては、吉田の思ったよりはるかに有能だった。だから、彼は追いつめられて行った。追いつめられると、彼は暴言を吐き、さらに立場を悪くしたのである。「吉田茂は、自分が弱い立場のときにいっそう傲慢になり、暴言を吐くが、自分が強い立場にあるときは威張らない人物だ」と、彼を知る新聞記者の一人が語ったことがあるが、占領行政に携わったアメリカ人たちも同じような感想を持っている。「私たちは、マッカーサーの葬式の時に吉田茂に会って驚きました。占領中はあんなに傲慢だったのに、今度は大層友好的でした」。

それになによりも、講和条約発効後、彼は国内における権力構造を固めるという不人気な仕事に携わらなくてはならなかった。すなわち、昭和二十七年に問題になった破壊活動防止法案と、昭和二十九年に強行採決された警察法の改正法案のような仕事である。これらの法案、とくに警察法改正は、単純に考えればあたりまえのことであった。なぜならば占領改革は、その狙いのひとつとして、日本の政治権力を弱めることを意図し、実行した。中央集権化された警察制度を数百という自治体警察に分けたことは、そのもっともはっきりした現われであった。そして古い政治権力を弱め破壊したことは、日本の改革にとって必要不可欠なことではあったが、しかしまた、権力なしに社会の秩序を維持しえないことも真実なのである。

しかし、国民のなかには権力が保守党政府の手によって強化されることに対する懸念が存在した。彼らは、強力な権力が国民ひとりひとりの自由を侵害した戦前の経験をはっきりと記憶していたのである。言うまでもないことだが、社会の秩序を維持する国家権力は、強力であると同時に有効な制約を受け、国民のなかに根ざしたものでなくてはならない。そして、この二つの条件をともに満たすことはきわめて困難なことなのである。それは憲法において権力を制限し、基本的人権を保障する条項を設けるだけでは、達成されない。権力に対する制約は、政治家や国民の価値体系、行動様式などのなかに、すなわち社会構造のなかに、ビルト・インされなくてはならないのである。それには、なによりも時間がかかるし、またその過程において、権力を持つ者と持たない者の衝突が避けられないものであるように思われる。

日本という国家の権力は、敗戦と占領によって明らかに傷つき、弱まった。だから日本が講和条約を締結して独立したとき、権力は強められなくてはならなかった。しかし、ただ単純に権力を強めることは、戦前とあまり変らない形の権力に逆行する恐れもあった。戦後の改革で、権力は変化を経験してはいたが、しかし、その変化は短時日で根づくようなものではなかったからである。こうして、どのような形で権力を強めるかが問題にならざるをえなかったのである。

吉田茂が急速に不人気になって行ったのは、講和条約の締結という大多数の国民の支持を得ることができる仕事のあとで、権力構造の強化という強い反対を惹き起こす仕事に携わるようになったからであった。そしてその場合に、人々の支持を獲得して自らの権力を強めることを知らない吉田茂の欠点は、いっそう大きなものとして現われた。

ナショナリズムの挑戦

以上のような内政家としての失敗に加えて、吉田茂は独立を求める国民の気持に満足を与えることができなかった。ひとつには、彼は占領時代にあまりに目立ちすぎた。人々の心のなかでは吉田内閣と占領時代とが離れ難く結びつけられることになったし、それ故に占領が終わって空気の一新を人々が求めるようになったとき、人々の心は吉田内閣からも去って行ったのである。サンフランシスコ講和条約が締結されたときには五八%であった彼の支持率が、六カ月後の昭和二十七年三月には三三%に激減したのは、そのなによりの現われであった。

しかし、より基本的には、独立こそ彼の外交政策の最大の問題点であった。防衛はアメリカに任せて、日本は経済復興に専念するという彼の外交政策は、アメリカへの依存とか、アメリカへの従属という印象を与えずにはいないものであったからである。少なくとも、日本はアメリカの意志に反した行動をとることはできなかったし、国際政治における日本の行動はほぼ完全にアメリカのそれに従うことになった。

もちろん吉田茂の偉大さは、このようにして「独立」という価値を犠牲にすることが短期的にはもちろんのこと、長期的にも、決定的に大きなマイナスにならないことを感じとっていたところにある。短期的には、アメリカに従属しても経済復興に専念することが有利であることは言うまでもなかった。そして、長期的に見ても、防衛をアメリカに任せることは、国家の独立にとって決定的な障害にならないことなのであった。

昔ならば自らの力で国家を防衛しえないということは、その国の独立を大きく害うことになっていたであろう。しかし、第二次世界大戦後の国際政治においては、そうなるとは限らないのである。おそらく、その理由はアメリカとソ連、とくにアメリカが断然他を圧する強い力を持つようになったという事実に求められるであろう。まずどちらにしても、米ソ以外の国の安全は、アメリカまたはソ連との関係にかかるのであったから、アメリカとの安全保障取決めをするかどうかは決定的な相違を作り出すものではなかった。米ソの軍事力を無視したり、それに対抗したりする外交政策は、控え目に言っても賢明ではない。次に米ソの軍事力の面での優越は、これまでの国際政治におけるような支配をもたらすものではないことが注意されなくてはならない。二つの大国が存在することは、お互いに抑制し合う状況を作っている。また兵器の破壊力があまりにも大きなものとなったことと、国際政治における世論の力の増大のため、軍事力を使用することへの制約はかなり強いものがある。そこで、米ソの勢力圏のなかの諸国との関係においても、軍事力は表面から退き、それとともに支配—従属という色彩が弱まることになった。それは協力関係と言ってもよいものであり、ただそのなかで米ソの発言力がより大きいというだけなのである。

日本はアメリカの意志にいちじるしく反する行動をとりえないが、しかし、日本もアメリカの行動を制約する力をいくらかは持っている。その関係は相互の発言力に差があっても、基本的に協力関係であり、かつ相互の利益に役立っている。

それに、経済や文化などさまざまな領域における交流の増大が、国家間の相互依存を強めている。したがって、現在の国際関係においては、その相互依存関係のなかでいかなる位置を占め、いかに行動するかということが重要なことであり、昔のような独立を指向することは賢明なことではないのである。吉田茂は、「共同防衛は世界の通念」であると述べ、「然るに、世間には、この共同防衛体制を恰も屈辱なるが如く感ずるものが少くない。今に及んでも対等であるとかないとか、議論を上下している。斯かる人々は、現今の国際情勢を知らず、国防の近代的意義を解せぬもの、いわゆる井底の蛙、天下の大なるを知らぬ輩と評する外はない」（『回想十年』第四巻 三九頁）と決めつけたが、それは間違いなく正論なのである。少なくとも、吉田茂は「対米従属」を非難する人々に対して、いったいなにが現実の損失なのかと反問することができた。

しかし、彼の外交政策にはひとつの逆説が内在していた。それは、彼の外交政策は確固たる独立心を持った国民がおこなった場合にのみ、成功しうるものであるということであった。なぜなら、アメリカに防衛を依存することは、必ずしも、独立を失うことを意味するものではなかったけれども、独立心を失い易いものであることは否定しえないことだったからである。アメリカ（またはソ連）との協力が安全保障の礎石であることは、すでに述べたように、ほとんどすべての国について言えることであった。そのため、自国の安全保障のためにアメリカと協力していても、自国の立場をアメリカに対して主張することは可能なことなのであった。しかしもし、安全保障を得るためにアメリカと協力することによって、自国の立場を主張するのを忘れてしまったらどうなるであろうか。とくに、それによって国民のなかに依存感が生まれたらどうなるであろうか。その場合には日本の活力が弱まったり、失われたりすることになってしまうにちがいない。国民の活力はその誇りと結びついているが、国民の誇りは他国に依存する場合失われるものだからである。

独立の意味が変化することによって、自らの力による防衛は独立の不可欠の条件ではなくなったけれども、しかし「独立心」は必要であった。そして防衛協力は「独立心」を弱めやすいこともまた事実であった。こうして対米協力を軸とする吉田の外交政策は、逆説的なことに、確固たる独立心、とくにアメリカからの独立を求める強い気持によって支えられて初めて、成功するものだったのである。

それでは、「独立心」はいかにすればたかめられるのか。それは言うまでもなく、日本が国際社会において活躍し、アメリカに対してその立場を主張することによってであった。ただ、独立を回復した直後の日本は、独立への思いはたかまるにもかかわらず、日本の実力が小さかったが故に、主張しうる自国の独自の利益はほとんどなかったのである。ふたたび現実の利益という観念から言えば、日本はアメリカにしたがっていることによって、ほとんど失うことなく、多くを得ることができたのであった。こうして、「独立心」は具体的な形を与えられることが困難なものであった。しかし、それ故にこそ、「独立心」は燃え上がり「対米従属」を批判する声はたかまることになったのである。

おそらく、ひとつの可能性は、鳩山一郎が現実におこなったように、ソ連との国交回復をおこなうものであった。しかし、それもまた現実の利益をあたえるものではなかったのである。『回想十年』にあきらかなように、吉田はソ連と国交を回復しても、ソ連との貿易は伸びるはずがないと考えていたのであった。実際、昭和二十八年の状況では、彼の判断の方が正しかったのである。その後十年近く、日本とソ連との貿易関係は、とるに足らないものだったからである。

そして彼は、独立心に形を与えることそのものの重要性を理解するには、あまりにも現実の利益を重んずる外政の玄人であった。また彼の場合には、独立の精神は疑いの余地のないものであり、敗戦と占領によって少しも傷つけられていなかった。彼はアメリカに対し精一杯の日本の利益を主張した。だから彼は、アメリカとの協力を対米従属と呼ぶ人々の気持を、まったく理解することができなかったのである。言葉を換えて言えば、彼は国民の「独立心」に形を与え、それを喚起しつづけることの必要を感じていなかったのであった。

もっとも、吉田茂は経済発展という仕事にあまりにも取りつかれていたため、その当時においてさえ存在した日本外交の行動の自由を、過小評価していたと言えるかも知れない。ところがすでに述べたように、安全保障についてアメリカの協力に依存するという政策は、そうした事実にあまりとらわれずに、外交政策をおこなうことによって初めて生かされるものであったのである。吉田茂はそれを実演して見せるべきであった。しかし彼はそうしなかったのである。

その機会はやはり、ソ連との国交回復のなかにあった。たしかに、ソ連との国交回復をしても貿易などの具体的な利益は得られなかったであろう。しかし、それは日本外交の行動の自由を拡大することにおいて、きわめて重要な動きであったのである。それを吉田茂ほどの外政家が見抜けなかったのは、ある意味で不思議でさえある。おそらく、吉田の目はロシアに対する不当な警戒心と嫌悪によって曇らされていたのであろう。それは単にソ連の国家体制に対する警戒心ではなくて、ロシアに対する歴史的な不信感が加わったものであったかも知れない。彼はソ連と国交を回復することは、日本に問題と困難だけをもたらして利益をもたらさないと考えていたように思われる。それはともあれ、このロシアに対する認識の誤りという欠点は、独立心に形を与えることの困難という彼の外交政策に内在する欠点を具体化する近因となったのであった。

こうして、吉田茂の急速な没落は、彼の全体としての陰にひそんでいた欠陥が、講和後急速に現われたものであった。彼は二つの基本的な課題に答を与えることができなかった。すなわち、彼は独立国家の秩序を維持するために必要な権力構造の再建と、ナショナリズムに形を与えるという二つの仕事に失敗したのである。それ故に世論は彼を離れた。

もっとも、この場合「世論」が吉田内閣を打倒したとするのは、単純すぎる見方である。より正確に言えば、吉田内閣を打倒したのは民主主義的な世論と、追放から解除されて政界に復帰した戦前派の政治家たちとの、奇妙な同盟であった。追放からよみがえった政治家たちは、一方ではその秀れた人間操作力によって党内を制圧すると同時に、他方では吉田内閣打倒の世論を盛り上げるか、少なくとも、それを利用することに成功したのであった。

政党政治家の執念

吉田茂との対照

戦前派の政治家の第一の側面は、三木武吉によって代表される。彼は、大ダヌキと評されたように、戦前の政党政治にもまれ抜いた見事な政治の技術家であり、政局の底にうごめく政治家たちの野心を察知し、操作することに関しては、驚くほどの能力を持っていた。昭和二十四年から昭和二十八年まで、自由党の幹事長などをつとめて、吉田茂を党内において支える柱であった広川弘禅（ひろかわこうぜん）を吉田茂に叛かせたのは、そのなによりの現われであった。昭和二十八年ごろ吉田茂は緒方竹虎を後継者として迎えたが、この人事は広川にとって不満であった。広川自身が、吉田の後継者となりたいという野望を持っていたからである。それは、広川弘禅の能力から見て馬鹿げた野望であったようだが、しかし、ほとんどすべての政治家は自分の実力に不相応な野望を持っているのである。三木武吉は広川の野望と不満を見逃さず、巧みな誘いかけによって、昭和二十八年末には広川を吉田に叛かせることに成功したのであった。そして広川が離反したことは、吉田茂の議会における絶対多数を切り崩し、「バカヤロー」失言後の、吉田内閣不信任案を成立させた。

占領軍の権威があったため、政治技術の作用する余地の少ない政治に慣れていた戦後派の政治家たちは、三木武吉のような戦前派の政治家たちに容易に圧倒されたのであった。しかし、三木武吉によって代表される戦前派の政治家たちの政治技術は、吉田体制を切り崩すのには役立っても、世論を自分たちの側につけるという積極的な成果を生むものではなかった。逆に、戦前派の政治家たちは、敗戦とそれにつづく改革によって大きく変った社会から遊離した存在であるはずであった。たしかに、宮澤喜一が昭和三十一（一九五六）年に書いたように、吉田茂が講和後、自らも辞任し、戦前派の政治家たちを棚上げにして、「思い切って若いジェネレーションに政治を渡してしまっていたら、年と共に数が増えてゆく戦後の国民の気持が、よりよく政治に反映される時代が、より早く来たろうという想像」は論理的である（『東京―ワシントンの密談』一三三頁）。

しかし、皮肉なことに、昭和二十八年から昭和二十九年の状況においては、戦前派の人々の方が吉田を中心とする人々よりも、国民大衆の気持に近いものを持っていた。まず、彼らはアメリカに完全になじめなかったし、それ故古くはあったが素朴なナショナリズムを持っていた。彼らが占領軍によって追放されていたということが、彼らを吉田茂ほどはアメリカを信頼させないようにしていたのである。たしかに、占領軍の追放には強引なところがあった。またそこにはアメリカ軍という至上の権力者の手を借りて政敵を葬ろうとする日本人の醜い動きがからまった。

鳩山一郎の場合はその典型的なものであって、彼は第一党の党首として組閣しようとする寸前に追放されたのであった。もっとも、彼の場合に追放の理由がなかったわけではない。戦前文部大臣として京大事件の責任者であったことは、十分に追放の理由となるものであった。しかし、彼の追放がそのような理由だけからおこなわれたのではなく、幣原内閣の三土忠造副総理など彼を首相にすることを阻もうとする人々の努力でおこなわれ、政治的な性格を持っていたことも否定できないのである。この事件は、鳩山と鳩山の周囲の人々に忘れえぬ印象を与えた。たとえば三木武吉は、「毛唐の手を借りるとは、卑怯な奴らだ」と憤慨し、「鳩山を何うしても総理大臣に一度はしてやらなきゃ」と心に誓ったのであった（御手洗辰雄『三木武吉伝』二九四―二九五頁）。彼らは当然、アメリカに対する独立心に形を与え、外に表わすことにより大きな意欲を持っていたのである。彼らは同じ保守党の政治家ではあるが、より伝統的な意味においてナショナリスティックな感情によって特徴づけられる点で、吉田茂と彼の後継者とは異なる勢力を代表することになった。

それとともに、政党政治家としての経験を積んで来た彼らは、感覚的に大衆に親近感を感じさせるものを持っていた。それは吉田と鳩山との相違に象徴された。吉田は自分の欲するところはなんとしてもやり抜く強い人物とみなされていた。これに対して鳩山は涙もろい、善人であった。しかも不公平な追放によって首相になり損ね、追放解除直前に脳溢血で倒れるという非運の人物と受けとられた。吉田茂の強い性格に、なんとなく憎々しいものを感じていた日本の大衆は、鳩山一郎に判官びいき的な気持を寄せたのであった。

また鳩山一郎は明るい開放的な雰囲気を持っていた。彼は田中内閣の書記官長をしていたころ、閣議の内容を新聞記者にみんなしゃべってしまうといわれ、閣議から締め出されたことがあると、その回想録に書いている。いくら開放的と言っても、その度合が過ぎるのはあまり誉められたことではないが、それを回想録に平気で書くところに、鳩山一郎の独特の持味があったとも言えるであろうか。そうした雰囲気もまた、人々の意見に耳を傾けない吉田茂とは対照的であり、それ故に多くの人の気持に訴えた。鳩山一郎自身も、おそらく意識的に、吉田茂と対照的なスタイルを強調した。

したがって、鳩山内閣の主要政策のひとつが日ソ間の国交回復であったことは当然のことであった。それは、鳩山ブームに政策的な裏づけを与え、それは国民に、中ソには見向きもしなかった吉田とは異なった政治がおこなわれようとしていることを、具体的に確認させることができたのである。

もっとも、鳩山が日ソ交渉を重要視したのは、ソ連との間の友好関係を欲したからではなかった。彼の共産主義に対する警戒心も吉田のそれに劣るものでは決してなかった。彼は昭和二十年に反共という旗印を掲げたことがあった。また彼は昭和二十六年初めダレスが大統領特使として講和条約の草案を作るため日本を訪れたとき、ダレスの求めに応じて帝国ホテルで秘かに会ったが、共産主義の脅威に対処しなくてはならないという点で大いに共鳴するところがあった。しかし彼は、人々が吉田の外交政策を「アメリカ一辺倒」と捉えていたことを正確に感じとっていたし、政党政治家として、アメリカ一辺倒から脱却したいという民衆の気持を無視してはならないことはよく知っていたのである。

それに、ソ連との関係を改善することは、国際連合に入るためにも必要なことであった。それまで日本は、国際連合へ加盟を申し込んではソ連の拒否権によって加盟を認められなかったのである。日本国民としては、アメリカを初めとする西側諸国との講和条約が結ばれても、国際連合への加盟が実現しなければ、国際社会へ復帰した実感は湧いて来ないのであった。

さらに鳩山は、河野一郎や杉原荒太(すぎはらあらた)など国際政治に関するよい助言者を持っていた。スターリン死後ソ連の内部に微妙な変化が起こりつつあることを見抜き、鳩山に進言したのはこれらの人々であったのである。

日ソ交渉と鳩山一郎

元来、鳩山が昭和二十七年九月十二日に、日比谷公会堂での政界復帰第一声において日ソ国交の正常化を唱えたのは、彼も書いているように、国際政治に対する危機感からであった。彼は、一九五二(昭和二十七)年ごろ米ソ戦争の危険が最大であるという情報を得ていたし、それをいちばん心配していた。ところが、日本とソ連はまだ法的には戦争状態のままであったから、「米ソ戦争が始まればこのままでは日本は戦場になってしまう、ソ連はすぐ日本を攻撃する」ことができた。「だから、ソ連との国交はなるべく早く正常化しておかなければならぬ」と、考えたのであった（『鳩山一郎回顧録』一一七頁）。

この恐れが根拠のあるものであったかどうかは、判断し難い。また、米ソの緊張が激しかった一九五二年ごろの国際政治状況において、日ソ国交の正常化を求めても、それが成功したかどうかは疑問である。しかし幸か不幸か、鳩山一郎が第一声をあげてから、彼が政権をとるまでには二年以上もの歳月が流れた。そしてその間にスターリンは死に、ソ連のなかでは長い間抑圧されていた社会体制がゆるみ始めていたのである。鳩山一郎の助言者たちはこの事実を見逃さず、日ソ国交の正常化の機会を捉えるよう進言したのであった。

この場合、国際情勢について鳩山一郎に正しい情報を与えた人間として河野一郎の名前が見られることは、河野一郎について一般に持たれているイメージから見れば意外であるかも知れない。河野一郎は道路や水道の建設工事を期日通りやらせることなどの実行力を持った人物として知られている。また、彼が戦前的な色彩のあるナショナリストであり、対米従属にがまんがならなかったことも報じられている。そして彼は、ソ連や中国とも貿易すべきだとして貿易拡大に尽したが、その際相手の窓口が一本なのに、日本側は多くの商社が競争して足の引張り合いをすることに、たいそう腹を立てていたそうである。しかし、河野という野人は外交という高級な分野とはなんとなく縁がなさそうに思われて来た。

事実は、彼は国際政治の動きを捉えることにおいて、戦後の日本の政治家のなかでは珍しいほど秀れた能力を持っていた。それはふたつの例に現われている。伊藤昌哉によれば、昭和三十八年七月、アメリカが原子力潜水艦の日本寄港を要請したが、河野は「部分核停がまとまろうとしているのに、タイミングが悪い」（『池田勇人その生と死』一九四頁）として反対したという。それは正しい判断だった。また、彼は昭和三十七年春、モスコーでフルシチョフに会い、昭和三十二年に会ったときから比較して大きく成長し、外交上手になったことを認めながら、しかし、「この外交上手のフルシチョフにも見誤りがあると思う。それは彼がEECを甘く見ていることである」（『河野先生を偲ぶ』五四頁）と、おそらく長期的に見て戦後のソ連の最大の誤算を正しく捉えていたのである。彼はイギリスやアメリカに、秀れた情報を提供してくれる友人を持っていた。それに、なんと言っても彼は新聞記者であった。時代の動きを捉えることにかけては秀れた感覚を持っていたのである。ともかく、彼はソ連において「雪どけ」が起こりつつあることを素早く察知していた。それは鳩山にとって大きな助けとなった。

もっとも、以上の事実は、河野が秀れた外政家であったことを意味しているものではない。外交に携わるものは、国際政治の展開を素早く察知することができさえすればよいわけではないからである。外交家は時としては、周囲の圧力に抗して時期が熟するのを待たなくてはならないこともある。また、外政家は目ざましい成果をあげることを欲してはならない。相手がある外交の世界では、目ざましい成果をあげることができるのはまれにしかないことだからである。おそらく河野は、彼自身が外交を指導することになっていたならば、この二つの陥し穴にはまっていたことだろう。彼が人を驚かすようなことをするのが得意だったことは、内政においては大きな魅力でも、外政においては危険であった。しかし、こうした彼の性格は、昭和二十九年の日本外交にあまりにも欠けていたものであった。日本外交はアメリカとの協力という基本路線にあまりに忠実で、ソ連の国内の雪どけという機会を捉える機敏さも、大胆さもなかったからである。

実際、日ソ交渉は保守陣営のかなりの人々の激しい反対や妨害を克服しておこなわれなくてはならなかった。まず、重光外相があまり乗気ではなかった。彼はドムニツキーが日本外務省の要人に会おうとしたのをことわり、そうした動きがあったことを鳩山首相にも報告しなかった。だから、ドムニツキーは直接に鳩山首相を鳩山の私邸に訪問することによって、交渉を開始しなくてはならなかったのである。もっとも、重光外相がドムニツキーの動きに対して警戒的であったことには、理由がないでもない。ドムニツキーという人物は極東委員会の対日理事会の一メンバーで、ソ連代表部の臨時代表に過ぎず、しかも、日本側はそのソ連代表部を認めていなかったのである。彼はいわば正体の知れない人物であった。したがって彼の動きがどの程度ソ連政府の意図を代表するものであるかについては十分な注意を払う必要があったのである。

しかし、いくつかの状況証拠は、ソ連がドイツ、オーストリア、日本などとの戦争状態を終了して、ソ連の国際関係に安定をもたらそうという政策に変化しつつあることを示していたのである。第二次世界大戦直後、ヨーロッパが疲弊し、混乱している間は、ソ連の外交政策は攻撃的なものであったが、北大西洋条約機構とマーシャル・プランによってヨーロッパが安定し始めると、ソ連の外交政策は防禦的なものへと変化することになったのであった。鳩山一郎と彼の助言者たちはこの変化を見逃さず、ソ連から差し出された正体の知れぬ手を握ったのである。

こうして日ソ間の交渉が始められたあとでも、交渉は国内の反対にあって難航した。重光外相はロンドンにおもむいた松本俊一全権に対して、あまり協力的ではなかったように思われる。たとえば、松本から外務省へと送られた報告は、鳩山首相のところにはなかなか届けられなかった（『鳩山一郎回顧録』一七七頁）。そして、ソ連がハボマイ、シコタンをとくに「譲歩」すること以上には譲らず、日本側がクナシリ、エトロフまで含めて「返還」されるべきだと主張して退かなかったとき、交渉は行き詰ってしまったのであった。

この場合、クナシリ、エトロフという島そのものはそう大きな価値がなかった。しかし、そこには原則の問題がからまっていた。クナシリ、エトロフは一八五四（安政元）年の下田条約や、一八七五（明治八）年の千島樺太交換条約からも明らかなように、日本固有の領土であり、サンフランシスコ講和会議における受託演説で、吉田全権がその旨述べていたのであった。そして、日本はこの立場をソ連との会議の席で主張した。だからそれを理由なしに引込めるわけにはいかないのであった。

しかも、そこに国内における意見の分裂が加わった。すなわち、領土問題についての日本の立場を主張することによって、日ソ交渉を決裂させることを欲していた人々も存在したのである。一部の財界人たちは、日ソ間の国交が回復したあとでの日本の国内攪乱を恐れた。より強力な反対派は吉田派であった。彼らはソ連と接近する必要を認めなかったし、それに鳩山一郎を中心とする人々に打倒されたことによって、感情的に反撥していた。吉田が有名な河野ぎらいであったことはくり返すまでもない。吉田は、彼の生涯における不出来の二年間から、まだ回復していなかったのである。

しかし、吉田茂の反対を、ただ単に頑固さの故にするのは、これまた一面的である。なぜなら、たしかにソ連は日本への不信行為をおこなっていたからである。最大の問題は、ソ連が日ソ中立条約を破ったことではない。それは国際政治のジャングルの法則から見てありうることであった。しかし、ソ連が満州に駐屯していた日本軍をシベリアに連れて行って強制労働させたことは、まったく不法なことであった。彼らは、ドイツ軍とちがって、ソ連と戦ってソ連に侵入したことはなかったのである。吉田茂やその他の多くの日本人が、ソ連を信用しなかったことには理由がなくもなかったのであった。

こうして、日本はクナシリ、エトロフの問題で無条件に譲るわけにもいかなかったし、かと言って、クナシリ、エトロフのために日ソ交渉を決裂させることもできなかった。鳩山はこのジレンマを、領土問題を棚上げにするという方法を編み出して解決した。また、彼がモスコーまで出かけていったことも、最後の段階における手違いを防ぎ、彼の決意を示し、世論に訴えることによって国内の反対派を押えるのに役立った。そして、社会党が日ソ国交回復に賛成であったことは、日ソ国交回復の推進者たちにとって大きな力であった。たとえば、日ソ国交回復宣言の審議に際して、重光外相は説明書の原稿を一ページ飛ばすという失敗をしたが、それはきわめて重要な個所であった。だから、社会党はそれをタネに政府を追及することはできたのだが、日ソ国交回復に賛成であったので、それをだまって見逃し、議事録を訂正するという形で説明の主要部分が追加されるのを承認したという。

日ソ共同宣言は、昭和三十一（一九五六）年十月十九日に発表され、その二カ月後十二月十八日には日本の国連加盟が可決された。それによって、日本はその外交の行動の自由を相当拡大することになったのである。それは鳩山の功績であった。たしかに彼は相当な決意をもって日ソ交渉に臨んだように思われる。彼がモスコーまで出かけて行ったのも、彼の健康を考えると大変なことであった。当時は北極の上を越して飛ぶ飛行機の路線はなく、南廻りでスイスまで四八時間つづけて飛び、それから二度乗りかえてモスコーまで行かなくてはならなかったのである。だから彼の身体のことを考えて、行くことに反対の人もあった。しかし、彼の妻薫子（かおるこ）は「行かしてやってくれ」と頼んだという。おそらくそれは、鳩山一郎の執念を感じたためであろう。彼は「吉田は日米をやったのだから、私は日ソをやらなくては」と言っていたと言われる。それは考えようによっては子供っぽいことであった。しかし、鳩山が吉田に負けたくないという対抗心を燃やしていたことは、きわめて重要なことなのである。

「鳩山ブーム」の根

実際、吉田茂への対抗心は、鳩山一郎を動かす原動力でさえあったと言うことができるかも知れない。それも、自分に政権を返さなかった人物への敵意以上のものが、そこにはあった。すなわち、戦前の政党政治の流れを継ぐ人間の執念のようなものが存在したのである。彼の父鳩山和夫は、日本における政治のはじまりから政党人として活躍した人物であった。彼は国会開設に先立って府県会が召集されたとき、北豊島郡から立候補して初めての東京府会議員となり、その後明治四十四（一九一一）年に死ぬまで市会議員や衆議院議員をつとめた。鳩山一郎はこの父の遺業を継ぐように育てられ、父の死後すぐに市会議員となり、やがて三十二歳の若さで衆議院議員に選挙された。そして田中内閣の書記官長や斎藤実内閣の文相をつとめて、昭和の初めには政友会の中心人物として確固たる地位を築き上げていたのである。だから、日本の敗戦後に政党政治が復活したとき、彼が自由党の創始者となったのは自然の成行きであった。

　そして、日本の政党政治家たちには、それなりにいくつかの欠点がありはしたけれども、「藩閥、官僚なにするものぞ」という情熱を、その精神的支柱として持っていたことは注目されなくてはならない。鳩山薫子夫人が鳩山ブームを回想して、「やはり、われわれは野に育ったのですからね」と言ったことがある。もちろん鳩山一郎は現代的な意味では「野にあった」わけではない。しかし、官に対する民を考え、その「官」の占めてきた圧倒的に強い地位を考えると、この言葉は鳩山夫妻の気持をよく表わしているように思われるのである。

　よく知られているように、日本の政党は、藩閥政府にところを得ることができなかったものたちによって始められた。たとえば原敬のように「朝敵」たる南部（盛岡）藩士であったりしたために権力の中枢にまでは入りえない人々によって推進された。当然、彼らの第一の目的は、藩閥の支配の打倒となったのである。鳩山一郎も、そうした伝統が濃厚に残っていた政党のなかで育ち、そうした伝統を身につけたのであった。そしてそれは、彼の精神的支柱として重要であっただけでなく、彼の人気の源泉ともなったのである。鳩山は吉田と明らかに異なったスタイルを持っていた。彼は上品で、そしてどこかさばけたところがあった。それは彼自身の持味であっただけでなく、大正から昭和にかけての短期間の政党政治の雰囲気でもあったように思われる。人々はそれに惹きつけられたのだった。

おそらく、藩閥対民党（みんとう）、官対民という図式は普通に考えられているよりも一般的な妥当性を持っている。すなわち、日本では権力の内側から権力に近づく人々と、権力の外側から権力に近づく人々との区別がきわめて重要なのである。官僚派対党人派というのはその自民党内部での現われと見てよい。なぜなら、日本の政治は中央集権の度合が強く、官僚制を中心とする権力機構が政治生活において大きな比重を占めている。したがって、その内側にいる人は発言力が大きいのに対して、外側の発言はあまり効果的ではない。つまり一般国民の政治に対する発言力は小さいのである。

もっとも、だからと言って、日本の政治が民衆と無関係というわけではない。政治は民衆の生活に深いつながりを持っているし、それもだいたいのところ民衆の役に立って来た。また、官僚を初めとするエリートも、決してある一定の階層に独占されているわけではなく、大学とくに東京大学を通じて広い層から吸い上げられている。社会学者の研究によれば、社会的流動性はヨーロッパ諸国よりもはるかに大きいのである。疑いもなく日本では民衆の力は十分に動員されているし、また民衆のための政治も相当におこなわれて来た。それだからこそ、日本は急速な近代化と工業化に成功して来たのである。

しかし、それは民衆のための政治ではあっても、民衆による政治ではなかった。なぜなら、民衆の力が使われるのに際して、民衆の側からの自発的な参加は少ないからである。民衆のなかでの議論が政治の運営に直接反映する程度は少ない。すなわち、政治の舞台は一般の国民に開かれずに狭いものであり、限られた人が活躍する。それは「閉ざされた政治」と呼ぶことができるであろう。

そして日本の政治の特色は、まさにこの点に根ざしている。政治をおこなうものは、討議にもとづく民衆の自発的な参加に頼るのではなくて、権力に対する権威主義的な従順さにもとづく服従に頼ることになる。また、民衆のなかでの議論が反映されないことは、反対派に極端な立場をとらせることになるし、それも、政権についたときに到底実行できないような極端な議論をおこなわせる。そして、民衆は権力に対して一方では従順にしたがいながら、同時に、権力を自分たちから遠いものと考えるという矛盾した態度をとる。それは権力が概して民衆のために使われながら、その使われ方において民衆から遠い存在であることに原因するのである。また同じ事情から判官びいきという現象が現われる。日本人は権力の嫡子のような人物は信頼するが、むしろそれから疎外されたような人物を好むのである。岡義武（おかよしたけ）の『山県有朋』には大隈重信と山県の葬式の興味ある比較がのせられている。民党の指導者大隈の葬式には多くの人々が集まったのに、最大の権力者山県の葬式は寂しかった。しかし、どちらが偉大であったかと聞けば、大多数が山県の名を挙げることは間違いない。

こうして藩閥に対する民党の戦いは「閉ざされた政治」への挑戦であった。それは権力の外側から権力に接近することを余儀なくされたことによって、不可避的に「開かれた」政治を代表したのである。もちろん権力の外側にいるというだけでは、一般国民は好きにはなっても信用はしない。だから、政党の指導者たちは民衆の敬意をかちうるために、英語で言えばRESPECTABILITYを手に入れるために努力しなくてはならなかった。そして大正時代には、政党指導者たちはRESPECTABILITYと民衆性とを兼ねそなえるようになっていたのである。さきに私が鳩山一郎について、上品でしかもさばけたところがあったと書いたのは、まさにそのことなのである。こうして彼は吉田茂の「閉ざされた政治」に対して、より「開かれた政治」を代表したし、それ故に人気を集めることができたのであった。鳩山の人気は相当深い根を持っていたのである。

政党政治家時代の終焉

しかし鳩山は、「開かれた政治」の雰囲気を作り出すことはできても、「開かれた政治」に構造を与え、その上に新しい権力構造を作り上げることはできなかった。その理由はおそらく、彼の政治哲学の「復古的」な性格に求められるであろう。一例をあげるならば、彼の共産主義についての認識は歪んだものであった。たとえば、彼は昭和二十六（一九五一）年六月三日の『サンデー毎日』の「今日に思う」のなかで、彼の追放理由となった京大事件に言及し、「滝川（幸辰）君は今はどうかしらないが、当時は共産主義者であった」と述べ、それだから確信をもって切ったと書いているのである。

同様に彼の国家観もまったく伝統的なものであった。それは彼の再軍備論と憲法改正提案に現われているが、この点で彼は吉田よりも明らかに「復古的」であったのである。彼はさきに述べた昭和二十六年二月六日のダレスとの会見で、日本人に自国を護るという熱意が足りないことが問題であると論じ、日本が再軍備することは必然であることを強調した。したがって、再軍備と憲法改正は、鳩山が昭和二十七年九月十二日に政界復帰の第一声をあげたときから、日ソ交渉と並んで彼の主要政策となった。それは「二つの問題のようで実は最初から一つに組合わさっている問題なのであった」（『鳩山一郎回顧録』一一七頁）。

つまり、彼は国家は自らの力で防衛するべきであるという論理を素朴に信じていたナショナリストであった。それ故に、彼は独立心に形を与えることに熱心であり、日ソ交渉をおこなった。そして、それは国民の支持を得たけれども、鳩山の目から見れば日ソ交渉と不可分の関係にあった再軍備のことになると、強い反対が生じて来た。たしかに、議会における論争において、鳩山は吉田よりも判然とした立場をとることができた。国民もそれによって吉田茂の詭弁が白日の下にさらされるのを見て喜び、その判然とした論理に共感を感じはした。しかしそうかと言って、憲法改正をするつもりはなかったのである。

憲法第九条の理想主義を守ろうとした人々もあった。また、かなりの人が偽善的なしくずし軍備を黙認する狡さを持っていた。少なくとも国民の多くは、憲法の文面通りにまったく軍備を持たないことを説く社会党の議論と、軍備を持つ必要があるから憲法改正をすべきであるという保守的なナショナリストの議論を聞き、それらが論理的には正しいにもかかわらず、ともに実行することが望ましくないものであるか、あるいは実行不可能なものであることを感じとったように思われる。日本経済は「再軍備」に耐えないという事実は、地球上のどこにも非武装の国はないという事実とともに、もっともあざやかな議論よりも説得的であったのである。

何よりも、国民のなかには戦前の体制に復帰することを恐れる人々が少なくなかった。国民は、戦後の改革によって作られた制度が、全体として健全なものであることを知っていたし、逆に警察制度の改革や教育委員会制度公選制の廃止など、具体的な措置は妥当なものでも、政治を担当している人々が戦後の改革にだいたいのところ反対であり、それを変えようとしていることを認識していた。「逆コース」反対の叫び声は、そうした国民の懸念を表わしていたのである。こうした事情から、昭和三十一年四月、小選挙区制が提案されたとき、反対派はこれを憲法改正への準備と受け取って激しく抵抗した。そのため議会は大きく混乱し、世論もまた批判的な色彩を強めることになって、法案はついに成立しなかったのであった。

しかし、それは権力構造のあり方をめぐる最初の目立った衝突にすぎなかった。すでに述べたように、権力を強めることは講和後の日本の困難な課題であった。いくらかの人は権力が弱すぎると考え、いくらかの人は既成権力への不信から権力を強すぎると考え、国家権力のあり方をめぐって、国論は激しく分裂していたからである。それは、講和条約発効直後に、「血のメーデー事件」や火焔ビン戦術などのもっとも激しい形で現われた。日本共産党五全協の決定を説明した有名な『仮題球根栽培法』は「軍事組織をつくり、武装し、行動すること」を説いていたのである。日本共産党がこのような戦術をとるように追い込まれたのか、それとも、誤った判断から自らそうしたのかは別として、この時期に日本共産党は、日本の社会体制に対して暴力的に挑戦することを決定していたことは事実である。

これに対して、財界を初めとする保守党の支持者たちの間では強力な政府の下に安定を望む声が一貫して流れることになった。それは保守合同への動きとして、吉田内閣の末期から始まっている。あるいは、吉田茂が辞職しなくてはならなかったのは、財界を初めとして相当多くの人々が、吉田がいては保守合同はできないと判断したからであると言った方が正確かも知れない。実際、昭和二十八年の春まで、三木武吉など鳩山の周囲に集まった勢力や、岸信介（きしのぶすけ）のようにまったくそれまでの政党から離れた勢力が、外側から吉田内閣を批判している間は、吉田茂の勢力はほとんどゆるがなかった。

吉田体制がゆらぎ始めたのは、昭和二十八年四月の選挙のあとで、岸信介が自由党に入党し、十一月鳩山自由党の大半が自由党に復帰してからであった。彼らは昭和二十八年四月の選挙で、社会党が大躍進をとげたことを強調した。三木武吉は、「保守の仲間での対立よりは、革新党の進出は、保守党にとっては、まったく致命的である」（御手洗辰雄『三木武吉伝』三七〇頁）と語り、保守勢力の結集を、吉田打倒の動きの旗印としてかかげた。同じように、自由党に入った岸信介も、政党結成によって吉田茂を棚上げすることを狙い始めた。

やがて、三木武吉と岸信介の動きは接近するようになり、その結果、昭和二十九年十一月に日本民主党が結成されたが、それが成功したのは、彼らが保守合同を大義名分とすることができたからであった。保守合同をおこなって政局を安定させ、「アメリカナイズ」されすぎた日本の社会体制を健全な姿にもどし、憲法を改正して正式に再軍備をおこなうというのが、その綱領であったのである。こうした保守合同論には財界の支持も加わった。造船疑獄のあとの十一月七日、小林中（こばやしあたる）（開発銀行総裁）、藤山愛一郎（ふじやまあいいちろう）（日商会頭）、植村甲午郎（うえむらこうごろう）（経団連副会長）、桜田武（さくらだたけし）（日清紡社長）、鹿内信隆（しかないのぶたか）（日経連専務理事）らが共同で出した、「吉田退陣による保守大合同を求める」という声明はその具体化であったが、そうした力が吉田茂を辞職させたのである。つまり、保守合同は、鳩山内閣が成立したときから既定のコースであったし、それ故、一年後の昭和三十年十一月に、自由党と民主党の保守合同は実現した。

それは、たしかに政局を安定させた。問題は、こうして作られた自民党の支配的地位をどう使うかということであった。それは、日本の政治の「閉ざされた性格」や、国論の分裂を考えると、いかに重要なものであったかが明白である。保守合同には、その起源において見られるような反対勢力との対決という暗いかげがあった。しかも、この重要な仕事は、石橋湛山（いしばしたんざん）が首相に就任してから間もなく倒れたため、岸信介によっておこなわれることになった。おそらく、石橋の脳溢血ほど大きな影響を持ったものはあるまい。それは、性格と過去の経歴においておよそ正反対の人物に、国政を委ねることになったからである。石橋も鳩山と同じように、官僚生活をしたことが一度もなく、「庶民的」という印象を与えていた。彼の自由主義者としての記録は汚れがなかった。だから彼も鳩山一郎と同じように、少なくとも雰囲気的には、国民とより親密な関係に立つことができたであろう。しかし、これはすべて「歴史のもしも」に過ぎない。石橋が突然の病いに倒れたことは、政党政治家の短かった小春日和に唐突な終止符を打った。国政は岸信介の手に委ねられることとなったからである。

「閉ざされた政治」

官僚政治家岸信介の行動様式

岸信介は、よい意味においても、悪い意味においても、典型的な官僚であった。人々は彼を政治の表舞台に見るようになるや否や、彼のあまりにもソツのない構えなど、彼の雰囲気からそのことを鋭敏に感じとったが、このいわば無色透明な官僚の特徴を、作家の伊藤整（いとうせい）は、幹事長時代の岸を見かけた印象からみごとに浮彫りにしている。

「その時、私の目の下三、四間のところで、隣席の議員たちに笑顔を向けながら、自席に着いたその人物のものごしは、私が保守系の政治家にしばしば見ていた人間とは異質のものであった。また社会運動や演説や入獄などの体験などで鍛えられた左派の政治家とも違うものであった。つまりその男には、私たち文士とか学者とか、一般に知識階級人と言われている人間に近いものがあった。

私は自分たちの仲間と言うか、自分自身のかげのようなものをその人間に感じて、極めてかすかであったが、はっとしたと言うか、ぎょっとしたと言うに近いショックを受けた。

……人格、信念、思想、理想、宗教などというもののどれをもあてにしない人間、実証的精神だけを頼りとして、それを正確に人間関係にあてはめ、論証によって他人を引きずる人物。そういうふうに書くと、それが岸信介という人物になり、同時に私自身を含めての知識階級人のいやらしいタイプの一つとなる」（伊藤整「岸信介氏における人間の研究」――『中央公論』昭和三十五年八月号）

すなわち、岸は有能であるという以外にとくに変ったところのない人間であった。だから、伊藤は「そういう人物は実践家、政治家として常に二流か三流になるはずである。実証主義者たちの集まりであるヨーロッパの政治家ならば、ざらにある人物である。しかしヨーロッパでも、その資格の上にそれ以上の何物か、宗教的、政治的信念とか、思想とか、他人の心理を把握する力という特別のものがなければ、やっぱり一流人物になれないだろう」と書き、国民はそうした人物が首相であることに満足しなかったのであると論じているのである。

この岸像は正しい。さらに、それはきわめて重要な事実でもある。なぜなら、明治以来の日本の工業化の成功は世界の注目を集めているが、それは明治の初年を除いて、個性ある指導者の下におこなわれたことはまれであった。それはむしろ官僚制によって指導され、連続性を与えられた。そしてその官僚制とは、岸信介のような人々によって構成されて来たのである。少々単純化して言えば、日本の近代化は第一級の人物の指導によってではなく、第二級の人物の作り上げた組織を中心としておこなわれた。ところが、その組織は疑いもなく第一級のものであったのである。おそらく、こうした事情が、権力構造の外側から権力に近づくことを困難にし、権力構造の内側から権力に近づくことの必要性をいっそう強めたのであろう。すなわちこの事実に日本の政治の「閉ざされた性格」は根ざしているのである。

したがって、こうした組織のなかに育った典型的な人間岸信介が、日本の政治の「閉ざされた性格」を体現するようになったのは当然のことであった。多くの人が指摘しているように、岸信介はすぐれた政治技術の持主であった。三木武吉ときわめて親しかったことは、彼が総裁公選に敗れたとき「三木が生きていたらこんなことにならなかったのに」と言ったことや、その他いくつかの話に現われているが、それはこの二人がともに秀れた政治技術の持主であることで共通したものを持っていたためであり、お互いにその価値を認め合うことができたからであろう。しかし、こうした彼の政治技術は「閉ざされた政治」に特有のものであった。

まず、彼はいたずらに表面に出るのを避け、組織を押えて実権を獲得するのを好んだ。彼は民主党を作り保守合同を実現させた功労者でありながら、第一次鳩山内閣にも第二次鳩山内閣にも入閣しなかった。彼は保守合同の前後の政党内の力関係が流動する政治状況においては、閣僚になるよりは党内にとどまってその変動を押えた方がよいと判断したのであろう。彼は幹事長として、党内における自己の地位を確立するのに専念したのであった。同じ行動様式は商工次官時代にも見られる。昭和十五年に第二次近衛内閣が作られたとき、彼は商工大臣になるようにすすめられたが、そのとき彼はことわっている。そして小林一三（こばやしいちぞう）を大臣として迎えた。小林大臣はある程度まで飾物で、実権は次官が握るという体制を作ろうとしたのであった。

しかし、彼の政治技術においてもっとも特徴的なものは、おそらく「内側から倒す」反逆方式と戸川猪佐武（とがわいさむ）が呼んだものであろう（『中央公論』昭和三十二年十一月号）。それが吉田内閣を打倒するときに用いられた技術であることはすでに述べたが、それまでにも彼は、商工省の次官時代に小林商工大臣を、戦時中の商工大臣時代に東條英機（とうじょうひでき）首相を、「内側から」倒しているのである。そしてこれらの例は、それぞれ異なるところを持っていて一概には言えないものがあるけれども、すべての場合に彼の情勢判断の確かさ、大義名分を見つけることの巧みさ、味方を作る能力などが認められるのである。

とくに重要なのは、官界という「閉ざされた世界」における自己の地位を戦略的に正しく評価する彼の能力で、それは彼が商工省の筆頭事務官時代に減俸反対運動をしたときにすでに現われている。彼はそのとき、同僚以下すべての辞表をあずかって減俸に反対したのであって、一面では彼がそれだけの信頼を集めることができたことを示すとともに、他方、彼が闘争にあたってまず強い立場を作ったことを示して興味深い。そして、形勢が判然とせず、したがって勝算がないときにはコミットメントをさけることも知っていたことは、彼がやがて「両岸」という異名をとったように有名である。

もちろん、彼は政治技術に対する秀れた感覚から、大衆の時代には彼のような政治技術では不十分であることを悟っていたように思われる。たとえば彼は、ネルーが大衆を惹きつける演説をする能力を持っていることを心秘かにうらやましく思っていた。だからこそ、彼は大衆政治家になるために努めた。それは彼が首相となったあとで宣伝を重要視したことによく現われている。昭和三十二年アメリカ訪問にあたって、平沢和重を先に派遣してジャーナリズム対策を検討させた。その結果PR会社を雇って、アメリカ訪問中の彼のイメージを作り上げることがおこなわれ、一応の成功を収めたのであった。彼はヤンキースタジアムで始球式をおこない、アイゼンハウァー大統領とゴルフの交歓をした。また、国連で「核兵器実験禁止協定の早期締結と国連による全般的軍縮計画の実現」を要望する演説をおこない、ワシントンのジョージタウン大学では名誉法学士を受けた。それはたしかにニュースを作るように計画された訪米だったのである。

しかし、大衆政治家であろうという彼の試みは人工的なものであった。それに対して、彼の皮膚にしみついた行動様式は「閉ざされた政治」のそれであった。そこで国民は簡単に彼の実質を見抜いてしまったのである。それによってしばしば彼の宣伝は逆効果になった。政治宣伝というものは国民を操作すべき対象と考える点で危険なものである。国民はだれしも宣伝にのせられることを好みはしないからである。政治漫画を描いた清水崑がいみじくも言ったように、岸信介がいくらていねいにしても大衆を見下す雰囲気が現われてしまったからである。

「岸首相　……しかしまァなんですな。大衆を納得し、理解するのは理屈だけではいけませんな。──ぼくはその「大衆」という言葉を一段高いところからおっしゃるのはよくないと思います」（清水崑「一筆対談」──『朝日新聞』昭和三十二年三月二十二日）

この「大衆」という言葉を彼が使うときに生ずる雰囲気は、「閉ざされた政治」の最大の欠点とも言えるものに結びついている。すなわち、権力の内側にいないものの無視、冷たい仕打ち、そして対決意識などと、それは結びついている。彼の秀れた闘争技術は、悪くいえばマキャベリズムと言えるものであったが、それは自分と異なった世界に住むものに対してはとくにすさまじいものとなった。彼が大野伴睦に対して次期総裁を譲ると約束する「空証文」を発行したことは有名だが、総裁が公選で決る以上、こうした証文には限られた価値しかないというのが合理的な考え方であり、元来意味のない「空証文」を信ずるような時代おくれの感覚を持つ者に対しては、そうした盲点を利用することをちゅうちょしないところが、彼にはあったように思われる。同じ政党に属する者の間でさえ、この程度のマキャベリズムがおこなわれるとすると、異なった政党については、相手を無視することは当然考えられることであった。それはやがて、彼の生命とりになるのである。

　しかし、われわれは先を急ぎ過ぎてはならない。岸信介をなんらの政治的使命感を持たない、単なる政治技術家と考えることは大変な間違いなのである。それならば、彼は首相とならなかったであろうし、なってもあのような形では失敗しなかったであろう。彼には使命感があった。実際日本では、岸信介や彼のような人物こそ、きわめて強いがしかし合理的な国家主義を持つ人として重要な人物となって来たのである。そして、その国家の命運と自己の野心とを結びつける点において、彼らは「立身出世」を人生の指導原則として生きて来た多くの日本人と共通するところを持っていた。幸か、不幸か、こうした人々の向上心こそ、日本の力の源泉となって来たのである。

　岸信介は明治三十二（一八九九）年に長州に生まれ、明治国家の指導者となった長州の先輩たちにつづけという雰囲気のなかで育てられた。彼の母親茂世はしつけが厳しく、信介ら兄弟が泣いたりして家へ帰ろうものなら、叱りつけて家のなかへ入れなかったと言われる。また、彼が高等科のときにあずけられた岡山の叔父松介（まつすけ）も、その収入を信介らの学費に注ぎ込み、学校でよい成績をとるよう励ました。すなわち、彼らは親族が揃って子弟の立身出世を助けるという雰囲気のなかで育ったのである。岸が強い向上心、または野心を持ったのは当然のことであった。その野心は、長州人こそ明治国家の建設者であるという自負心と相まって、国家主義と結びつくことになったのである。

しかし、彼の国家主義は合理的なものであった。彼が国家主義の憲法学者上杉慎吉に一方では惹かれながら、完全について行くことができず、上杉が岸の才能を見込んで自分の後継者になるように熱心にすすめたにもかかわらず、これをことわったのはおそらくそのためであろう。彼は大学在学中、長州出身の先輩たちのすすめもあって、上杉慎吉を中心とし、吉野作造の新人会に対抗する木曜会に入ったが、途中で脱会した。彼はその事情を次のように書いている。

「我が国体は日本民族の結合の中心であり日本国家発展の基礎である。従ってこれを明確にし維持し、いやしくも国体に関して事を紛更し、これに改変を加えるが如きは断固として排せねばならぬ。しかし徒らに神聖化し国民と遊離した観念論に脱してはならぬ。天皇を国民と共に国民の中に在らしめねば真の国体の精華は発揮できぬ。この意味で天皇を常に雲の上に置き、一般国民との間に藩屛を設けるような制度はことごとく改めねばならぬ。華族制度の廃止や宮内省の改革は焦眉の急である。極端なる国粋主義者とこの点においてもぴったりせぬものがあった。更に私有財産制度の問題は国体問題とは全然別個の問題で、その変革は何等国体の変革とならぬ。ある意味では真の国体の精華を発揮するためには、所有権絶対というローマ法的観念はこれを精算せねばならぬ。私有財産制度は時代と共に改革せらるべく、これを変革することと国体の変革とは厳に区別せられねばならぬ。国体擁護が私有財産制度の擁護と混同されてはならぬ」(吉本重義『岸信介伝』六六—六七頁)

彼があとから、統制経済の信奉者となったことの萌芽は、このときからあったということになる。だいたい国家主義は自由主義と社会主義に対して、奇妙な三角関係に立っている。社会主義の持っている激しい現状否定的色彩に反対することでは国家主義と自由主義は似ているが、国家による経済の計画化の必要性と有効性を信ずる点では国家主義と社会主義とは共通する点を持っているのである。日本の歴史においてもこの二つは満州国の実験という形で結びついたし、岸などの合理的な国家主義者にとって、満州国の経済建設はもっとも幸福な経験であったように思われる。彼は昭和十四年夏満州を去るにあたって、「出来ばえの巧拙は別にして、ともかく満州国の産業開発は、私の描いた作品である。この作品に対して私は限りない愛着をおぼえる。生涯忘れることはないだろう」と語っているのである。

また統制経済への信念とならんで、彼は社会保障の必要を認めていた。その信念は、多くの自由主義者よりもはるかに強いものであったが、しかしそれは決して不思議ではない。国家が全体として有効に機能するためにも、また国家の秩序を維持するためにも、社会保障の必要性はイデオロギーと無関係に、合理的に証明されることができるものだし、それに国民のためにという原則は、日本の官僚性の伝統のなかに存在することだからである。それに彼自身決して豊かな家の出身ではなく、日本の大きな垂直的流動性を利用して出世した人物であることが、社会保障の必要性を感じさせるのに貢献していることであろう。

最後に、彼はかなり勇気を持っていた。それは彼が東條英機に反対して東條内閣を総辞職させたことによく現われている。彼は非合理的な国家主義者ではなかったから、サイパンが陥落するころには日本が勝てないと判断することはできた。そこで彼は東條にサイパンを最後の線とすることを進言したが、東條は激怒し、岸の辞職を要求した。しかし岸はこれをはねつけ、そのため東條内閣は閣内不統一によって総辞職せざるをえなかったのである。もちろん、彼は初めからこの戦争は負けだというほど徹底した合理性はなかったし、昭和十九年夏には反東條の気運があったから、彼の行動はこの場合も成功を見越してのことだったにはちがいないが、それでも東條に面と向って反対することは勇気のいることだったのである。

岸は、合理的な国家主義——経済計画と福祉政策を含む——を持ち、その信条に沿って日本の発展をその使命感としていた。そしてこの使命感は彼自身の野心とある程度の勇気によって支えられていた。これらの点についても彼は近代日本の権力の中枢を握って来た官僚の特徴を持っていたのである。

日中関係と安保改訂

それ故、首相となった岸信介が国外では日本の地位を、国内では自民党の力を強めるために努力したのは当然のことであった。しかし、彼がおこなおうとした事柄は困難で、彼が用い得た手段は不満足なものだったのである。

まず、彼が首相となったころの日本、すなわち十年前の日本は、まだ限られた実力しか持っていなかった。したがって、国際政治において活躍するとか、日本の地位をたかめるためにできることは、まったく限られていたのである。もちろん、未解決の課題として中国との間の関係をどうするかという問題が残っていた。そして相当な数の国民が、鳩山内閣が日ソ国交回復をやったように、石橋内閣は日中の国交調整をやるべきであると考えていたし、その期待は当然岸内閣にも引きつがれることになった。しかし、日ソ関係と日中関係は明白に異なっていた。すなわち、台湾に中国を代表することを主張しつづけている国民政府があり、日本はサンフランシスコ講和条約へのアメリカの批准を得る必要から、国民政府を承認してしまっていた。日本は単純に北京政府と外交を開くというわけには行かなかったのである。

そこで、日本としては、中国との貿易をおこなって、両国の関係を深めて行くことが考えられた。それは鳩山内閣の時代から計画されて来たことで、石橋湛山もこの線ですすむ意思を持っていた。岸信介もこの線から後退することなく、日中貿易を促進することに努力し、昭和三十三年には中国の通商代表部の開設を事実上認めるところまで行ったのである。しかしこの時期には、中国がこの方式を嫌った。昭和三十三年五月、長崎の国旗侮辱事件を機会に、中国は日本との間に決っていた貿易協定まで御破算にするという挙に出たのであった。

こうして中国が強い態度に出たのは、一九五八（昭和三十三）年ころから始まった中国の対外強硬路線にもとづくものであるように思われる。中国外交の研究家石川忠雄（いしかわただお）の研究が示しているように、一九五八年ころ、中国の指導者たちは自分たちにとって情勢が有利であると判断した。ひとつには、ソ連のスプートニクの成功を彼らは過大評価していた。また彼らは、当時アメリカを中心として起こっていた景気後退を見て、資本主義の危機が到来したと思った。それ故、社会主義陣営は全体として強硬な態度に転ずべきであるというのが彼らの考え方で、日本との貿易関係についても、日中貿易をしなければ日本は困るにちがいないと判断していたのであった。一九五四年ころ日本がソ連との国交を正常化しようとしたときには、ソ連の外交姿勢が全体として防禦的であったことが日ソ交渉を結実させた大きな要因であったことはすでに述べたが、一九五七年から一九五八年にかけて、日本が中国との関係を貿易関係から積み上げて行こうとしたときには、中国の外交姿勢は硬化しつつあったのである。

もっとも、この時期の交渉を失敗に終わらせた原因が、日本になかったわけではない。ひとつには、日本は中国の通商代表部を置くことは認めたが、それが国旗を掲揚するのを認めようとはしなかった。それ故、中国の通商代表部を事実上承認しても、法的には承認しないことになったのであった。日本は国民政府との関係によって縛られていたのである。それに、岸内閣はその前の二つの内閣よりもアメリカ寄りだという印象を与えてしまっていた。昭和三十二年、岸はアメリカを訪問したが、そのとき強く共産主義に反対する意思を表明したために、中国政府を刺激していた。全体としてこの訪問は、アメリカの岸に対する信用をたかめた反面、中国政府を警戒的にさせることになっていたのである。

しかし岸信介が、首相になってから間もなくアメリカを訪れてアメリカとの関係を固めたことは、彼の失敗とはいえない。それはむしろ、日本外交のジレンマ、すなわちアメリカと提携しながら日本独自の行動をとることの困難性を示しているのである。なぜなら、日本がアメリカと提携しながら、その行動の自由を増大させようとする場合、一方では日本の行動の自由はアメリカとの間の信頼関係に比例するが、しかし他方ではアメリカとの間の信頼関係を固めるような措置は、アメリカ以外の国に対する日本の外交的能力を減少させ、したがって日本外交の行動の自由を減少させるからである。よく日本では、日本がアメリカとイギリスのように、提携しながら言うべきことは言い、すべきことはしなければならないという議論がなされるが、それは言い易く、おこない難いことなのである。イギリスとアメリカの場合には、イギリスが相当自由な行動をとっても協力関係がこわれないだけの信頼があるが、しかし日米間にはそれほどの信頼関係がないからである。とくに、日本の全般的国力が小さかった一九五七―八年当時において、このジレンマはまさに鋭いものであったのである。

おそらくそれを解決することは不可能であったかも知れない。それ故、国際社会において活躍することを断念して、力を貯えるのに専念するというのが、当時の日本の苦しい最善の選択であったように思われる。実際、岸信介の失敗は、彼が名を捨てて実をとることに徹し切れず、日本が国際政治において活躍しているかのような印象を与えようとしたことに原因したのであった。弱い基礎の上に立って派手にふるまうことの空しさは、ネルーの名声と今日のインドの貧困を見れば明らかであるが、岸内閣時代の国連外交にはそれに似たところがあったのである。

岸が国際連合にまで出かけて行って提案した核実験停止の訴えは、十分な力を持たない当時の日本が、十分な決意を持たずにおこなった動きのよい例であった。日本はまず、実験を登録するという無意味に近い提案をおこなったが、国の内外で核実験停止の世論が強まりつつあるのにあわてて、即時禁止に近い案を提出した。もっともアメリカその他の反対を考えると、即時禁止を明言することもできなかったので、それには抜け道がありあいまいなところがあった。しかしソ連もさすがで、この日本提案を「歓迎」するという立場をとって、日本は即時禁止に賛成であるかのような印象を作り上げようとした。そこで日本政府はあわてて真意の説明に駆け廻るということをおこない、表決にあたって、日本案に近いソ連案に反対、西欧案、インド案に棄権、日本案にだけ賛成するということをおこなったのである。そのため、日本の行動は各国を当惑させただけで、日本の国際的な威信をたかめることには、まったく役立たなかったのであった。それは、十分な決意がないままに、核実験停止という重要な問題について、なにか行動したという恰好を作ろうとすることの空しさを示したのである。

日米安保条約の改訂も、ほぼ同一の動機に発したことであったように思われる。ひとつには、彼は国民の前になにか外交的成果を示したいと感じた。たしかに、「吉田は日米講和をした。鳩山は日ソ国交回復をした。そして、岸は……」という具合に、国民はひとつの内閣がひとつずつ、日本の国際的地位をたかめる措置をとることを期待していたのである。それは日本人の強い向上心の現われでもあったし、敗戦による転落からはい上ろうとする意思の現われでもあった。岸はこうした人々を失望させることを恐れたのであった。それに昭和三十二年、中国は中国を訪れた社会党の議員団に対して、日本がアメリカと安保条約を結んでいても、日本との間に不可侵条約を結ぶ用意があるという意思表示をしていた。この動きに対抗する必要も存在したように思われる。

そして、岸はなんと言っても伝統的なナショナリストであった。だから内乱条項があったり、期限が定まっていない安保条約の存在は、彼にとって快いものではなかったのである。彼が、アメリカとの交渉の席で、「それではまるで満州国だ」と口走ったのは、彼の本心を案外よく表現しているのである。彼はアメリカとの協力関係を維持したいと思いながら、そのなかで日本の立場を主張したいと考えていたことは間違いないように思われる。

しかし、彼は日本とアメリカの間の平等性は、安保条約の条項を変えることによって左右されるようなものではないことを認識することができなかった。もちろん、純技術的には、日米安保条約の条文を変更することは好ましいことであったが、それは基本的な相違をもたらすものではなかったのである。だいたい、アメリカとの協力に安全保障を依存することが、すでに独立についての異なった考え方に立脚することであった。そうした体制において日本の独立性を増すためには、安保条約の条文を変更するだけではなく、外交のあり方全体を問題にしなくてはならなかったのである。それもすでに述べたように、日本の力が少ないことなどの理由によって、決して簡単におこなえることではなかった。現代における国家の独立性は、新しい方法によって主張されなくてはならないのである。しかし伝統的な意味におけるナショナリストの立場から日米関係における日本の従属性を問題にした岸は、まさに同じ理由から、独立性を主張するために新しい方法が必要であることを理解することができなかったのである。

反対勢力排除による権力強化

しかし、なんと言っても岸の最大の誤りは、彼に対抗する勢力、すなわち社会党やそれを支援する人々を正しく評価できなかったことにあった。実際、彼がおこなった政策は、それ自身としては正しいものが少なくなかったのである。

まず、安保条約の改訂それ自体は決して悪いことではなかった。内容自身は新安保の方が旧安保に比較して改善されたものであったし、今後、やはり安全保障条約を改訂しておいたことはよかったと言われるときが来るかも知れないのである。

国内において、彼はより実質的な仕事をした。とくに、彼が経済計画と福祉政策の必要を確信する合理主義的な国家主義者であったことは、この二つの政策を日本の保守党の基本的政策とさせるのに力があった。国民皆保険を目ざす国民健康保険法や国民年金法は彼の首相時代に作られた。また経済自立五ヵ年計画は、彼の幹事長時代に作られ実行されたが、彼が首相となったあとで実情に合わせて新長期経済計画に変更された。これらの計画は、もちろん彼が作ったものではなく、日本の優秀な経済官僚が作ったものであったけれども、しかし岸がそれを党の綱領としてかかげ、政府の政策とすることに熱心であったこともまた事実なのである。彼は、日本という国家を有効に運営される、豊かで強力な国家とする仕事に、明治以来の官僚を特徴づける強い使命感をもって当った。

しかし戦前とちがって、その日本には政府に対する強い反対勢力があり、しかもその発言から判断する限り、与党と野党とは根本的な問題をめぐって対立していた。それは岸のような国家主義者にとって危険きわまる状況であったし、実際、国論の分裂にはまるで危険がないことはないのである。彼はそのような状況を見たとき、他の伝統的な国家主義者と同じように、その理由を敗戦とアメリカがおこなった改革に求めた。その二つの衝撃は日本人の自信を失わせ、あるべき社会秩序を破壊したと彼は考えた。

巣鴨から出て来て再建連盟を始めたときに、岸はおそらくまじめに、日本の社会と国家を復興する精神運動を考えていたように思われる。しかしその再建連盟は完全な失敗に終わった。昭和三十二年の総選挙に彼らは三〇人もの候補者を立てたが、一人も当選しなかったのである。この経験によって、彼は政党を離れて政治活動が不可能となったことを認識したにちがいない。そして、彼の経験と思想からみて、彼はこの敗北の原因を大衆に訴えかける能力が自分に欠けていたということには求めず、そのころすでにおこなわれ始めていた利益政治に求めたのであろう。選挙民は自分たちの陳情を取りつぐなど世話役活動に明けくれる議員にしか投票しない、彼はそう考えたにちがいない。おそらく、それも戦後の日本の腐敗現象と映ったかも知れない。

ともかく彼は政党に入り、やがて民主党の幹事長となってからあと、政治学者が利益と支持の還流と呼ぶところのものを徹底した形でおこなうことになった。さまざまな形の圧力団体との間の連絡体制が出来上り、それまでの後援会に加えられた。そして自民党と政府は、これらの圧力団体の陳情を好意的に処理するなどの便宜を図り、これに対して圧力団体は選挙における票の獲得を約束するという体制が確立したのである。疑いもなくそれは自民党を強化した。昭和三十二年から昭和三十八年まで、三回の選挙において自民党の得票数が六〇%強のところにとどまることができたのは、こうした体制のおかげだったのである。保守合同以来、彼は自民党を強力な政党に作り上げることに一貫した関心を示しつづけたのであった。しかし、彼のやり方には問題があった。

まずこうした利益政治の体制は、日本の政治をカネのかかるものとした。議員の世話役活動はいっそう盛んなものとならざるをえなかったからである。それはなによりも、自民党が使った政治資金が岸内閣のころから急激に増加していることに現われている。

昭和三十一年（参院選）　四三二、〇〇七、七八三円
昭和三十二年（衆院選）　一、四七五、七六五、八〇八円
昭和三十四年（参院選）　一、七〇四、七七六、四二〇円

しかし、最大の問題は彼が自民党を強力にするに当って、社会党など反対勢力に対する対決意識をもってそうしたところにあった。なぜなら彼は、日本における国論の分裂の積極的な側面をまったく理解しえなかった。彼はその破壊的な側面しか見なかったのである。

たしかに、最大の反対党である社会党は、その主張において「体制外」的であり、現在の社会体制の全面的な変更を急激にもたらすことを意図していて、自民党と同一の社会に共存しえないもののようにも思われる。しかし、この戦後の日本における国論の分裂こそ、日本に民主主義を定着させる上で、もっとも重要なものかも知れないのである。戦後の日本に現われた反対党は、政府が力によって摧きえないものであった。それは日本の近代史において初めて現われた真実の反対党であった。国民のかなりの部分はそれを支持するか、少なくともそれが日本に存在することを欲した。そして、より重要なことに、国民は社会体制の急激な変革を主張する党とそれに反対する党が、一つの社会のなかにあることをおかしいとも思わなかったのである。それ故、与党たる自民党は、その主張において、お互いに相容れない社会党と共存しなくてはならないようになった。そのため、政治はあるときには停滞し、あるときには混乱する。しかし日本のように中央集権の強いところでは、そのような過程を通過しなければ、反対党がその位置を保証された民主主義は定着しないかも知れないのである。

それは、外交政策に関する国論の分裂についても妥当することかも知れない。この場合もその主張を表面的に見れば、安保条約と日米協力を日本外交の中心原則とする人々と、非武装中立を説く人々との間には、意味のある対話や、共通の地盤の発見は不可能のように思われる。中立がどの程度可能かがまず疑問である。また非武装が現実の政策としておこなわれることは考えられない。それにもかかわらず、非武装中立という形でひとつの理想主義が存在することは、外交を見る目を広くさせるものなのである。たとえ非武装中立が、予測しうる間実行不可能であるとしても、そのような目標について考えることは、日本の外交論議の次元を増加させていることだけは間違いない。それに、中立主義の議論は、ナショナリズムのひとつの表現形態である。中立主義のなかには、アメリカに対して日本の立場を主張したいというナショナリズムの感情が作用しているのである。さらにそこには、「逆コース」への警戒心もあった。すなわち、政府が国際緊張の激化を利用して、国内の社会体制を戦前のそれへと復帰させようとしているという気持であり、そうした人々は日本の安全を非軍事的な手段で獲得することを主張し、その旗印を中立主義に見出したのであった。こうして、日本の中立主義の議論は、少なくとも、理想主義、ナショナリズム、政府与党の反動性への警戒心、マルクス主義などの雑多な要因から構成されている。それは決して単純なものでなく、したがってそれが主張する政策形態は実行不可能であっても、そうした議論がなされることには利点も大いに存在するのである。

しかし人間は、その知的な怠惰と行動的な勤勉から、異質のものと共存し、それを取り入れるよりも、それを消し去ることを好む。自民党が、独立後の十年近くの間、そのような態度で反対勢力に対したのは、その意味では自然の成行きであった。それはすでに明らかにしたように、保守合同以来、保守党の政治家が目指して来たことであった。彼らは強力な権力構造を作り上げようとしたが、それは言葉を換えて言えば、反対勢力がどのようなものであれ、すなわち反対勢力の協力がまったくなくても、安全でありうるような体制を作ることを意味したのである。しかし、それほど強力な権力構造は、逆に言えば、抑圧も可能なものであったから、人々はそれに反対したのであった。昭和三十三年、警職法が提出されたとき、それに反対の世論はきわめて広汎にまきおこった。

また国民は、自民党が社会党を無視して政治をすすめることにも同意しなかった。それは国論を分裂させ、民主主義を傷つけると国民は感じていたのであろう。「多数の暴力」といううきわめて日本的な言葉は、そうした国民の気持を表わすものとして無視しえない重要性を持っている。表面的には、「多数の暴力」という言葉はまったく不合理な言葉である。民主主義は多数決によるものであり、それを少数派が力ずくで阻止するならば、そちらこそ正に暴力だからである。岸信介は、自民党のある総裁公選に際して票読みし、大変な接戦になりそうであったので側近が心配したとき、「一票でも勝は勝だ」と言ったというが、そのような合理主義から言えば、多数決にしたがうことになんらやましいことはないのであった。現在彼は安保条約の批准をめぐる騒動を振り返って、「安保国会の前に解散して国民の信を問うておくべきであった」と考えているが、そうすれば手続は完全なものであっただろう。

ただ、ここでも問題なのは、岸信介における議会主義は「閉ざされた政治」の色彩を濃厚にもっていたことであった。議会は自民党と、それ故に彼がよく知りつくしている「閉ざされた世界」であった。彼はそこのゲームのルールにしたがって審議をすることで満足し、その審議を一般の国民が注視していて、彼を勤務評定していることにあまり注意を払わなかった。しかし、現在のような大衆政治状況においてはとくに、議会の議論は国民に知らされ、国民がそれについて持った感情や判断を、議員はふたたび吸収して議論しなくてはならないのである。すなわち、「院外」と「院内」の絶えざる交流が必要なのである。しかし、「閉ざされた世界」の政治に慣れて来た彼は、議会をそのようには見なかった。彼はその世界のルールにしたがって行動し、社会党がそのルールを破ったとき、それを警官によって排除して、なんら良心の痛みを感じなかったのであった。だから、昭和三十五年、新安保条約批准に際して、五月十九日の強行採決のあと、議会の外で激しい批判の声が湧きおこったのは彼にとって大きな驚きであったにちがいない。彼はそれを煽動の結果と思ったかも知れない。もちろん、そういう要素はたしかに存在した。しかし、それはだいたいのところ自然な世論のたかまりであったのである。日本の政治は以前のように「閉ざされたもの」ではなくなっていたのであった。それは反対党を除外する形で権力を強化し、行使するという保守合同以来の自民党の試みが失敗したことを示した。

新しい国家理性

池田勇人の功績

反対党と院外の世論を無視して政治をすすめることができないという教訓は、池田勇人や彼の協力者たちによって正確に認識された。池田勇人の政治姿勢を示す「低姿勢」とは、世論に注意を払いそれにある程度までしたがうということであったし、「寛容と忍耐」とは野党を無視したり、除外したりしないということに他ならなかった。池田勇人を党内において支えた前尾幹事長は、こうした政治姿勢をより理論的な形で述べている。彼によれば、政治においてもっとも基本的な「できること」と「できないこと」の区別は、結局国民の世論によって定まるのであり、それ故、政治は「おのずから落ちつくべき方向、ムードといったものができる」のを捉えておこなわなければならないとされたのであった（インタビュー『日本経済新聞』三十九年三月二十三日）。具体的には、憲法改正の問題が「国民世論が自然に一つの方向に向って成熟した際に、はじめて結論を下すべきもの」とされ、保守合同以来の自民党の綱領が棚上げされた。

この政治姿勢は、国民の懸念を和らげることができた。それとともに、池田は所得倍増計画をその主要な政策として、国民の支持を獲得しようとした。そして、それは驚くほどの成功を収め、国民があげて豊かな生活を求めて努力するという目ざましい状況が出現したのである。なぜなら、経済発展は日本の国民の間に存在する唯一のコンセンサス（共感）であった。ひとつには、経済の問題は計量可能なものが多いため、イデオロギーや価値の対立に煩わされるところがもっとも少ない。言葉を換えて言えば、経済の問題は価値中立的な「技術的な言葉」で議論することができる。それは現在においてもっとも広汎なコミュニケーションを可能にする言葉であるし、おそらく今後も当分の間、われわれは経済を中心とする「技術的」な言葉で政治を語らなければならないだろう。

ツキジデスが『ペロポネソス戦争史』のなかで指摘して以来常識的になっているように、変動期には言葉の意味が混乱する。たとえば、現在において「民主主義」や「自由」という言葉は、まったく正反対の意味に使われさえしている。そしてそれはイデオロギー的な理由による混乱であるが、それに加えて日本では「タテマエ」と「ホンネ」が相当食いちがっている。おそらくその理由は、日本が近代になってから絶えず外国の制度を導入しつづけて来たために、外見は西洋の通りであっても、実質は異なるという事情が存在するからであろう。すなわち、「公式に」話される言葉と、「非公式」に話される言葉は、明らかに異なるのである。

こうした二重の意味における言葉の混乱に面して、「技術的な言葉」だけが、誤解なしにコミュニケーションをおこないうる言葉として現われてくるのは、自然の成行きであるように思われる。実際、昭和三十五年の総選挙で、経済発展を年九%ですすめると自民党が述べたとき、社会党は一〇%に持って行くと述べて応酬したが、こうした議論は相当合理的に評価できるものであった。いったいそれが可能なのかどうか、またそれをやったときの問題は何なのか、などの点を検討することによって、優劣は判然としたものになるのである。それを価値的な理由から論ずることは不可能であって、その意味で外交政策の問題や権力構造の問題とは大いに異なる。萩原延寿（はぎわらのぶとし）は、池田内閣の功績を合理主義の導入に求め、それを「経済的合理主義」と名づけたが（「首相池田勇人論」――『中央公論』昭和三十九年七月号）、それは「経済的」であったが故に、合理主義でありうるという特徴を捉えてのことであった。

しかし、昭和三十五年には経済発展を中心に政治をすすめることは、こうした消極的な根拠だけでなく、国民が経済発展それ自身を当然よいことと考えたことにおいて、積極的な根拠をも持っていた。昭和三十五年から後の数年間は、二つの楽観主義によって特徴づけられる、特異な時期として日本の歴史に残るかも知れない。すなわち、ひとつは経済は発展するものだという楽観主義であり、他のひとつは経済が発展すれば国民生活は幸福なものになるというものである。

実際は、この二つの命題は多くの但書を必要とする。とくに、経済は発展のしかたによって国民を不幸にさせることもありうる。ところが、昭和三十五年にはそれは問題にはならなかった。それは池田勇人の所得倍増政策に対する社会党の反応によく現われている。理論的には池田内閣の高度成長政策に対する社会党のもっとも有効な対抗策は、高度成長だけを考えるとさまざまなマイナス面が出てくることを強調することであった。しかし、社会党はこの線に徹底することができず、より高い成長率という実行可能性の疑わしいものをかかげざるをえなかった。つまり、社会党は相手の得意な土俵に引きずり込まれざるをえなかったのである。それは昭和三十五年には、国民が経済発展をほとんど批判抜きで承認していたからであった。

いくつかの事情の結果として、経済的問題に対する強い関心は、太平洋戦争後の日本人のものの見方の中核を構成することになっていた。まず、日本人は彼らに大きな災いをもたらした軍事的冒険にこりて、反動的に異なった分野に目を向けた。次に、経済を復興させることは、戦争後の日本人の最大かつほとんど唯一の関心事であった。さらに、経済発展と貿易は日本人に残された唯一の水平線であった。軍事的冒険に敗れた日本人は、その活力をまず経済の復興に、次いで海外への経済的進出に向けたといえるかも知れない。戦後の日本人は、彼らが戦前の日本の軍事的努力に対して示した献身を、経済活動に対して示していると言っても、言いすぎではないであろう。

こうした日本人のものの見方の変化は、日本社会の機構的な変化によって支えられることになった。まず、経済官僚の力が増大したことが重要である。太平洋戦争遂行のための計画——統制経済は、資源配分、資本投下、商品の価格統制・流通などの権限を官僚に与え、その力を強化した。占領軍も、官僚制とくに経済官僚の強大化に二重の意味で貢献した。占領軍は、一方では軍隊を解散し、農地改革によって地主など地方農村社会の有力者の力を弱め、警察の権限を縮小し、地方自治を制度的に強化することによって内務省の力を弱めた。他方、占領軍は統治の必要上、官僚制を利用しなくてはならなかったし、とくに、疲弊した経済を復興させる経済関係の官僚についてそうであったから、その力は強まった。こうして、経済官僚は相対的にも絶対的にもその力を増していたのである。それは国民の政治生活における思考法に大きな影響を与えるものであった。

もちろん、占領中にその力を増したのは官僚制だけではない。労働組合は、占領軍によって育成されて飛躍的に発展した。実業家たちは、とくに占領政策の変更以後は着実にその力を伸ばした。しかし、この二つの集団はともに経済的な活動に関係する集団である。彼らの活動は、日本の社会生活により多くの経済的色彩を与えるものであっても、それを減ずるものではなかった。こうした事実に加えて、議員は国民の代表であるという原則が、きわめて単純に受けとられた結果、政治全体について、利益を中心に人々が行動するという現象が現われることになった。多くの人が述べて来たように、選挙民はその私的利益の実現を議員に期待し、議員もその期待にこたえることによって支持を獲得することになった。こうした日本の社会の全般的な変化によって、日本の政治は利益の考慮を中心とする政治へと変質していたのであり、経済中心主義に対する国民の支持は準備されていた。池田はそれを捉え、それを彼の力の源泉とした。

その場合、池田のまじめさは彼の政策に国民の支持を集めることを大いに助けた。その姿には、彼がその政策に自己を賭けていることがにじみ出た。国民が池田の言葉を信じたのはそのためであった。国民は政治家を評価するに当って、いちいちその政策を専門的に分析したりなどはしない。多くの場合、政策はあまりにも専門的で、そしてあまりにも難しい。だから国民は彼の感覚に頼る。それは、きわめて基本的な美徳を政治家が持っているかどうか、ということから判断するのである。そしてその政治家がまじめであるのかどうかは、その評価においてきわめて重要な項目なのである。

池田はそのことを知っていたように思われる。彼は昭和三十八年九月東南アジア諸国を訪問したが、フィリッピンに着いた日は雨だった。そこでオープンカーにはほろがかかっていたが、池田は近く大統領選挙があることを知って、マカパガルにほろをとり、濡れながら大衆に手をふろ

う と提案した。「大衆というのは、一所懸命かどうかということをよく見ているものですよ」。池田はそう言った（伊藤昌哉『池田勇人その生と死』二〇三頁）。実際、日本の大衆は池田が所得倍増政策を説いたとき、彼が一所懸命かどうかを見、それによって判断したのであった。

経済中心主義の逆説

池田のまじめさは、政策に対する自信によって裏づけられていた。彼は一方においては低姿勢をとりながら、経済政策についてはまったく自信満々であった。多くの人が所得倍増という目標を疑ったけれども、彼はまったく気にとめなかった。彼は昭和三十五年九月の記者会見で「ひっ込み思案」を排し、労働人口が殖えるときのことや、一六〇〇万人の農林水産業の従業者が、大幅に減少するときのことを考えておかなくてはならないと述べ、「九%の成長率は低すぎると叱られると思っていた」と付け加えたのであった。

その自信は、彼が昭和二十四年以来、大蔵大臣や通産大臣として、日本の経済発展を見守り、それを成功させて来た体験を通じて生まれて来たものであった。彼は、すべての物資が乏しかった戦後の状況において、生産を増加することから始めた経験を持っていたが、それは彼を支える柱であったように思われる。もちろん、国民のなかには池田の自信に満ちた態度に反撥する人もあったけれども、しかし大多数の国民はそれによって彼を信頼したのであった。

より重要であったことは、それが彼に安らぎを与えたことであった。彼は戦後の復興と発展に自ら携わって来たが、それは自分たちは過去に相当の実績をあげて来たのだという安らぎを与えることになっていたのであった。そしてその感情は、保守主義者にとってきわめて重要なものなのである。なぜなら、その感情は社会の現在および未来について自信を与えるが、この自信の有無こそ保守主義者と反動家とを区別するものなのである。そうした自信と心の安らぎがなければ、社会の進歩を取り入れることもできない。また、より急激な仕方で社会を変えようとする勢力との対話もできない。その結果、現在は簡単に一種の危機状況として捉えられることになってしまう。それに対して、保守主義者というものは、滅多に危機の存在を信じないものなのである。彼は過去の遺産と重みを信ずるが故に、少々人が変革を説いたところで驚かない。おそらく彼が危機を感ずるのは、法外で不潔な方法でその変革がおこなわれようとするときくらいのものであろう。

このような意味における保守主義は、したがって、敗戦など過去との断層のあるところでは、存在し難いものであるかも知れない。かつてイギリスの文芸評論家バジョットは、君主制がイギリスで存続して来たのはイギリスが負けたことがないからだと述べたが、それは君主制という言葉を保守主義に変えてそのまま妥当するように思われる。少なくとも、日本の場合には、敗戦によって過去との断絶が生じ、過去の遺産を誇りえないことが、保守主義を困難なものにしていることは間違いない。そこでは、過去の遺産を重んずることが、しばしば復古や反動になってしまう。

現在の日本において、自信と安らぎを持ちうる過去があるとすれば、戦後の窮乏からここまで回復して来た実績であり、そのなかに生かされた過去の遺産への評価以外にはありえないように思われる。日本において保守主義が成立する基盤はそこにしかないであろう。その意味で、戦後の経済復興に当って来た人間と、追放解除後政界に復帰した人間との区別は重要な意味を持っている。前者は戦後に対して自信と誇りを持つことができ、そこから現状に対するゆとりのある態度が生まれるのに対して、後者はそれを持ちえず、したがって日本をあるべき姿に復帰させようとすることになるからである。

池田は自分が吉田の衣鉢（いはつ）を継ぐものであり、戦後保守の本命と考えていた。それは単純な本家意識以上に重要な意味を持っているのである。それは彼を不当な危機意識から救い、経済発展という戦後保守党の基本政策に専念することを可能にさせた。それ故、池田の政策は吉田の政策の継続となった。吉田茂がサンフランシスコ講和条約に際してとった政策も、経済発展に専念するというものだったからである。しかし形は同一でも、そこには微妙な変化もあった。それはこの二人の目のつけたところの相違であった。吉田が経済中心主義の政策をとったのは、日本の経済の弱体を彼が認識したからであったし、それに現代の世界においては防衛を他国との協力関係に依存させても大きなマイナスにはならないという洞察があった。すなわちそれは、外交政策に関するものであった。これに対して池田勇人の経済中心主義は、それが国論を統一する最善の方法であるという認識に発するものであった。それが国民のエネルギーを集める最善の方法であるという認識があった。

その結果、この二人は政策の遂行において力点が異なった。吉田の場合、力点は経済中心主義を外交政策として承認させることであり、説得すべき最大の相手はダレスであった。彼はその目的のためには、憲法第九条を利用して国内の悪評を買うことを敢えてした。これに対して池田の説得の相手は日本人であり、そのために経済発展以外なにもしないという批判を受けたのであった。具体的に言えば、吉田はダレスの再軍備要求をことわって、経済発展に専念した。池田は党内復古派の憲法改正の要求を棚上げにするとともに、外交の分野における業績を期待する声に向って言った。

「外交はその国の信用をたかめ、自由主義から尊敬され、共産諸国からバカにされないようにしなければならない。それには、国内体制を安定させることが大切だ。国内を固めず、下手な手をだすと、バカにされるのではないだろうか」(『朝日新聞』昭和三十五年九月八日)

そして、池田が内政に対する考慮から経済中心主義をとり、説得の相手を国民としたことは、吉田がなしえなかった程度に、経済中心主義を国民のなかに根づかせるという成果を生んだ。池田内閣以後、経済成長率や国民所得などの言葉は、日本人が政治を語るときの共通の言葉となった。そして、現在の世界における外交の基礎としての内政の重要性を考えるとき、池田の果した役割の重要性が理解されるであろう。吉田茂によって国家の政策としてすえられた経済中心主義は、池田勇人によって定着させられた。それは日本の新しい国家理性となった。

しかも、内政上の見地から始められ、外交上の活躍を強いておこなわないという池田の内閣は、皮肉なことに、日本の外交的地位をたかめることに大きな貢献をした。彼の経済中心主義の政策が、当時重要な時期を迎えつつあった日本経済の要求に合致したものであったからである。元来、「所得倍増計画」は設備投資を盛んにおこない、工場設備を近代化して生産性をたかめ、国際市場における日本商品の競争性をたかめるために計画されたものであった。池田勇人はそれに「所得倍増」という看板を与え、国民の情熱をかき立て、この計画を予想以上に成功させた。それによって、彼は国際政治のなかにおける日本ではないにしても、国際経済のなかにおける日本の位置を確立したのであった。

そして、この急速な経済発展は、日本人の自信を回復するのにも大いに役立った。すでに述べたように、敗戦によってぐらついた日本人の自信を回復することは、一九五〇年代の重要な課題であった。サンフランシスコ講和条約が発効したあと、ナショナリズムは日本の政治の重要な潮流となった。保守党のなかには、鳩山一郎と彼を支持した人々によって代表されるナショナリズムを重視する人々が現われた。彼らは日本の独立性をたかめ、ようやくたかまりつつあったナショナリズムを捉えようとすることにおいて、吉田茂とは異なっていたのである。

しかし、ナショナリズムに訴えようとしたのは保守派だけではなかった。中立主義のなかにも強いナショナリズムの色彩が見られた。国民はアメリカへの従属からの脱却を願っていた。それは長い占領への当然の反動であった。とくに、法的には占領軍から、安全保障条約によって日本を防衛する同盟国の軍隊に変ったものの、実質的には占領の継続という印象を与えたことは、日本人を失望させ、実質的な独立を希望させた。また、吉田茂の政策は賢明であり、有利ではあっても、国民の気持をかき立てるようなものではなかった。政府の側からは、社会体制を維持するだけでなく、日本の歴史の継続性を強調し、過度の「アメリカ化」を是正しながら、独立性をたかめて行くことが試みられ、野党の側からは、急進的な政治をおこなうか、または革命によって社会体制を改造し、それとともに中立主義政策をとることによって、日本の独立性をたかめることが試みられたのであった。しかし、この二つのナショナリズムはともに、部分的にしか国民の支持を受けないものであった。なぜなら、アメリカに対する従属性を減ずることに人々は賛成であったが、そのための方法として、非武装中立をとることには強い不安がつきまとったし、多くの日本人は、戦争後に作られた社会体制を、どちらの方向にせよ、ふたたび変えることは欲していなかった。鳩山一郎の日ソ国交回復を歓迎した国民は、彼の憲法改正提案には冷たい態度を示した。逆に、国民の多くは共産主義に対して警戒的であった。

こうして、伝統的ナショナリズムも、革新的ナショナリズムも、ともに実行することが困難なものであった。その困難にもかかわらず、岸信介が伝統的ナショナリズムの解決策を強行しようとしたとき、それが、完全な失敗に終わったのは当然であった。池田はこの困難の認識から出発し、経済建設に専念した。それは日本人に自信と誇りを回復させ、日本の独立性を回復するための、間接的ではあるが、もっとも実際的な方法であったと言えるかも知れない。

残された難問

日本の安全保障

経済建設に専念するという池田勇人の政策の成功は過渡的なものであった。なぜなら、池田の政策は日本の独立性の問題にも、日本国内の権力構造の問題にも、正面からは取り組まず、棚上げにするという性格を持っていたからである。たとえば彼は、世論に対する注意深さから、日本と韓国との間の外交関係の設立という長年の課題を未解決のまま残すことになった。中国との関係について、政治的関係と経済的関係を分けて考え、とりあえず経済的関係を深めて行くという政経分離政策は、たしかにある程度の存在理由を持つものではあるが、それでいつまで行けるかは疑問であった。

なによりも、自国の防衛をかなりの程度にまで他国に依存するという体制でよいのか、という問題は答えられないままであった。そして、この防衛の問題は、国内体制の問題、すなわち日本には危機に対処するだけの権力構造が存在するかという問題と、不可分の関係にあった。対外的な危機に対処する能力はそのまま国内の問題を解決し、危機を切り抜ける力だからである。だから、そのひとつの法律的表現である憲法改正問題を棚上げにすることはできても、この問題そのものは、いつかは扱われなくてはならないものであったのである。ただ、こうした問題を棚上げにすることが、当時は消極的な意味で賢明でもあったし、積極的な意味でよいことでもあったというにすぎない。

そうした事情は、彼の所得倍増政策が目ざましい成功をおさめることによって消滅した。そして、彼が棚上げにした問題が、ふたたび検討を必要とするものとして浮び上って来たのであった。国内的には、急速な経済成長は、占領軍による改革がなしえなかった程度にまで、古い日本の社会構造を破壊してしまったから、社会秩序の問題がふたたび、より切実な問題として浮び上って来たのである。国際的には、日本経済の成長の結果、日本人が自信を回復し、国際社会においてより重要な地位を占めたいと考えるようになると同時に、他の諸国からも、国際政治においてより積極的な役割を果すことを要請されるようになった。

実際、池田勇人が辞任する一年くらい前から、その経済中心主義の限界は次第に明らかになりつつあったし、池田自身も国際政治の舞台の経験からそれに気づくようになった。彼は、日本の首相として、諸外国の首脳と接触し、日本の力の限界を認識させられたのであった。昭和三十七年秋のヨーロッパ訪問のとき、マクミランに会って来たあとで、池田は秘書官伊藤昌哉(いとうまさや)に言ったという。「日本に軍事力があったらなあ、俺の発言権はおそらくきょうのそれに一〇倍したろう」(伊藤昌哉『池田勇人その生と死』二〇〇頁)。

それはたしかに正直な述懐であったように思われる。国際政治において、軍事力は決定的に重要な役割を果す。そして、人類の運命が決するような危機においては、核兵器を持っている国が運命を一手に握ることになる。たとえば、キューバ危機はそのような時であったが、アメリカのキューバ封鎖に対する日本の態度を決めるという経験を通じて、池田は、「核問題が世界の運命をきめるとき、日本がまだ力をもっていないことを、痛いように感じたのである」(前掲書、一五一―一五二頁)。

この無力さは、日本がまだ豊かではなかったときには、なんら問題ではなかった。力を持とうとしても持てなかったからである。しかし、今や所得倍増政策の成功により、日本は豊かになり、それとともに、日本は力を持つべきではないかという問題が回答を迫られるようになって来たのである。この問題について、池田は二つの矛盾した気持を持っていたように思われる。一方では、彼は経済力そのものが、かつてない程度にまで外交の武器となることを認めた。

第二次世界大戦後、国際政治のしくみは変った。たとえばヨーロッパを例にとるならば、戦後の米ソの対立の焦点はベルリンであり、そこでは米ソの軍事力はきわめて重要であった。しかし長期的に見て、ヨーロッパの運命を左右したのは、西ヨーロッパ諸国がＥＥＣなどの形で経済統合に成功し、目ざましい経済発展をしたということであった。それによって、第二次世界大戦直後には受身であった西ヨーロッパが、逆に強い立場に立つようになったのであった。この認識を徹底させて行けば、経済を中心に外交をすすめるという日本外交の成立する可能性もあるわけであった。

疑いもなくそれは、今後、真剣に追求されるべき可能性である。経済中心主義は日本の国内に根づいている。そして、日本がやがて世界第三の工業国となったのち、経済力が増大しつづけてソ連に接近することも確実である。だから問題は、経済力をどのような形で国際政治における発言力につなぐかということになってくる。吉田は経済中心主義が可能であることを示した。もし池田が、経済中心主義が名誉ある、堂々とした生き方となりうることを、より具体的に示すことができていたならば、彼は真実に立派な首相となっていたであろう。彼は外交に弱いという批評が当っていないことを示すことができたであろう。しかし、彼はそこまでは行かなかった。経済が外交の武器になることを認めながら、どうすればそうなるかは示さなかった。

しかし、いかに経済が外交の中心になったとしても、ベルリン封鎖やキューバ封鎖などの危機においては、軍事力が決定的な役割を果すことを認めないわけにはいかない。元来池田は、「日本の国は日本人の手で守らなければならない」と考えていたし、昭和三十三年の五月ごろには、「日本も核武装しなければならん」と伊藤に言ったことがあるという(前掲書、一九六頁)。たしかに、通常兵器だけを持っている現在の日本の軍備は、核兵器を持っているアメリカの軍事体制から完全に離れては、意味を持ちえないのに対し、核戦力を持てば日本自身完結した国防体系を持つことになるという議論は可能である。もちろん、首相という責任ある地位につき、国際政治の経験を積んだあとの池田が、日本が持つべき防衛力としてどの程度のものを考えていたかは明らかではない。

彼は吉田茂の片腕として、日米安保条約の下での日米協力体制を築き、維持することに携わってきた。おそらく彼は防衛について、相互協力が不可欠であることを認識していたであろうし、完全に自分の国を自分で守ることができるのは、アメリカとソ連くらいのものであることも気づいていたであろう。したがって、彼は伝統的な国防観のところにとどまってはいなかったであろう。しかし、自分の国は自分で守るということの可能性は真剣に考慮されるべきであった。少なくとも、自国の安全保障についてどれだけの責任を持つかを明確にすることは必要であった。安全保障についてアメリカと協力する場合に、それぞれが分担すべき責任を明確にしなければ、限度の不明確な依存、すなわち無限の依存関係に陥り易いからである。それは国際関係においても、国内の政治においても好ましくない政治的、心理的影響をもたらす危険を持っている。

かつて吉田茂は、日米安保条約に対する現在の日本人の態度を、日英同盟に対する明治時代の人々の態度と比較して書いた。

「当時の大英国と日本との国力の懸隔は、到底今日のアメリカ対日本のごときものではなく、もっとへだたりの大なるものだったのである。それにも拘らず、日英同盟が成立するや、前述の如く、朝野に亘って快よくこれを迎えた。そして、やれ、これで日本はイギリスの帝国主義の手先になるとか、イギリスの植民地化するとかいうが如き、猜疑的悲観論を唱えるものは、何ら見当らず、むしろ〝東洋のイギリス〟たることを誇りとして、その間少しも劣等感がみられなかったのである。

この点、近年いわゆる進歩的文化人や左翼の革新的思想の持主と称せられる連中が、何か対米関係の問題が起ると、アメリカの植民地化だとか、アジアの孤児になるとか、当の相手方はもちろん、世界のどこの国も、全然考えもしないような卑屈な言辞を、いとも簡単に弄するのを聞くと、これが日英同盟から僅に半世紀を経たに過ぎない日本人の姿かと、私はむしろ奇異の感を抱かされるのである」（『回想十年』第一巻　二六―二七頁）

たしかに、日英同盟に対する日本人の態度と日米安保条約に対するそれの相違は、興味深い現象である。それはさまざまな視角から説明することができるだろう。たとえば、日本がアメリカと戦ったこと、そしてその戦後処理として、多かれ少なかれ必然的に安保条約を結び、日本人の主体的な決断にもとづくところが少なかったことなどは、重要な理由と考えられる。しかし、日英同盟について劣等感が見られなかった重要な理由のひとつは、この同盟においては責任と権利が明確であり、日本は決してイギリスに無限定に依存していたのではないことに求められると私は思う。よく知られているように、日英同盟は、その条約国の一方が他の一国によって攻撃された場合には、中立を守るべきことを規定し、二国以上の攻撃を受けたときに初めて共同して戦うことになっていたのである。もちろん、時代は変っているから、日英同盟の教訓をそのまま現在に持ち込むわけには行かないが、しかし責任と権利を明確にすることは考えるべきことである。ある程度までの危機については、日本とアメリカが独立して行動することを判然としておく方がよいかも知れない。

しかし、そうしたことをおこなうためには、日本の国民が安全保障の問題により大きな関心と努力を払わなくてはならない。ところが、安全保障の問題をめぐって国論は激しく分裂していた。

池田はそのことを十分認識していたし、世論を無視して急ぐことがかえって逆の効果を招き、日本を混乱させ、日本の国防の基礎そのものを破壊してしまうことも知っていた。そこで、防衛問題に取り組むだけの基礎を作ることから始めなくてはならないと彼は考えた。彼が「人づくり」を唱えるようになったのはそのためであった。それは独立心や愛国心を育てるのに役立つであろうと考えられたのである。

それは疑いもなく、問題との正しい取り組み方であった。多くの学者が説いているように、一国の安全保障は、なんらかの物的基礎を持つだけでなく、現実にとられている安全保障措置に関する国民的共感を心理的基礎として持たなくてはならないからである。しかし、だれの目にも明らかなように、「人づくり」は失敗に終わった。ある人はその言葉に反撥を感じた。ある人はそれを高度工業化に必要なマンパワーを得るための方策と考えた。またある人はそれを豊かな時代におこる頽廃現象に対処するものとして捉えた。

いずれにしても、彼がのこした問題を解決するための基礎はできなかったのである。なぜなら、「人づくり」の問題は、政治体制のあり方にからむ問題を含んでおり、したがって国論の分裂の壁に突き当った。元来、池田の所得倍増政策の成功は、彼が世論の分裂を見抜いてそれを棚上げにし、技術的な言葉で語りうる経済の問題に努力を集中したことによるものであった。それは賢明な行為であったが、同時に比較的容易でもあった。それに対して「人づくり」はより困難な仕事であったのである。しかし、たとえより困難な仕事ではあっても、それに彼が失敗したことは、彼の限界を示すものであると言えるかも知れない。

すなわち彼は、国民にとって直接に利益をもたらさないことや、ある程度の犠牲を必要とすることを要請する力は持っていなかったのである。彼は世論を無視して政治をすすめることはしないという意味で、世論を政治のなかに持ち込んだ。また彼は、彼の周囲に秀れたブレインを集め、政策を合理的な形にして、国民を説得することもおこなった。しかし、国民に話しかけ、世論を形成するリーダーシップは大きなものではなかったのである。なぜなら、彼は決して「開かれた政治」が可能な政治家ではなかった。彼は世論との積極的な交流をおこない、国民に対して政治に参加しているという気持を与えて政治をすることはできなかった。彼が支持を集めた機構は、彼の前任者のそれとまったく変らないものであった。すなわち選挙民と政治家の間の利益と支持の還流によって、彼の政権もまた支えられていたのである。したがって、国民に対して利益を与えるのではなくて、なんらかの努力を要求するようなことは、ほとんどできなかった。

ただ、彼は国民に対して政策決定過程において参加感を与えることはできなかったが、その施行過程においては参加感を与えることができた。所得倍増計画においては、各人がその私的利益を追求することが、部分的に参加することになるからである。それに、昭和三十五年後の二、三年は、経済発展の可能性とその望ましさを国民の大半が信ずるという事情が池田を助けた。「今、日本人はどう考えているかわからないが、将来の歴史家は池田内閣の時代を『黄金時代』と言うかも知れないよ」と、皮肉なイギリス人の友達が私に語ったのは、東京オリンピックの少し前だった。私はこの言葉を奇妙と思い、彼の皮肉にあきれる思いがしたが、しかしそれは耳にこびりついた。たしかに経済発展という比較的単純な目標を国民の大多数が信じえたのは特異な幸福の時期だったのかも知れない。

国内権力の再建

こう見てくると、池田内閣の所得倍増政策の成功のあとで政権を担当する者は、いかに難しい役廻りに当るかということが明白であるように思われる。なぜなら、所得倍増計画が達成されることが明らかになったあとで現われて来た課題は、国内においては、経済発展につれて起こった社会変動を吸収するための措置を講ずることであり、国外においては、日本が国際政治でいかに活躍するかということであり、その基礎としての日本の防衛体制をどうするかということなのである。そしてこの二つの課題はともに、国民に対して利益を与えることはできても、努力を要求することはできない政権には、果すことが困難なものである。それらは個人の利益に関するところが少ないか、あるいは個人の利益に反する措置を必要とするからである。

実際、佐藤内閣の「社会開発」が掛声だけに終わっている理由はまさに、佐藤内閣が、こうした面倒を国民に要求する能力を持っていないからなのである。しかし、そうした能力こそ、政権を担当するものに求められるものなのである。民主主義は世論を尊重する政治であるが、それは絶えずゆれ動く世論に支配されて、当然おこなうべきことをおこなわずにただ政権を維持する政治を意味するものではなく、まして世論にこびる政治を意味するのではない。そうした統治力の活力喪失をウォルター・リップマンは「民主国家の病弊」と呼び、民主主義体制において政治家の陥り易い誤りを、次のように描いた。

「不思議な人間だとか変り者だとか見られるような、ごく稀な例外を除いては、成功する民主政治家は、いつも不安定で脅迫されている人びとである。彼らが政治的に出世するのは、ただなだめたり、すかしたり、賄賂を贈ったり、そそのかしたり、だましたりするか、さもなければ、選挙民の中で物を欲しがったり脅迫したりする分子を、何とかしてあやつることによってのみである。決定的な考慮は、その提案が良いかどうかではなくて、人気があるかどうかであり、それがうまく実施でき、良いことを証明できるかどうかではなくて、積極的に発言する選挙区の連中がそれをすぐに歓迎するかどうかである。政治家たちは、このような卑屈さを、民主社会では公人は人民の下僕なのだという理由で、弁護するのである」（矢部貞治訳『公共の哲学』三六頁）

政府とは、国の内外における安全を保障し、時代の要請する課題に直面して、それを解決するためのイニシアティブをとり、必要な措置を要請し提案する存在である。それは昔も今も、民主主義の下であろうがなかろうが変ることのない真理である。戦後の日本においては、民主主義の誤った理解によってこの真理は見失われつつある。その誤った理解を正そうとせず、それに順応し、利用しようとする与野党の政治家たちと、言論人たちのために、「統治力の活力」は失われて来た。実際、吉田茂以後の首相のなかで、世論に対してもっとも誤った態度の持主であった岸信介が、政治のなすべきことをおこなうという点では、統治の職務にもっとも忠実であったことは、不幸な真実なのである。

しかし、民主主義においても、「要請し、提案する権力」は必要であるが、それは「同意する権力」の制約下に置かれていなくてはならない。それは提案し、要請しなくてはならないと同時に、それに対する世論の反応に敏感であり、その支持を得られないときには無理押しをしてはならないのである。その意味で、岸信介の強行採決に抗議した世論の存在は、大きなデモの危険にもかかわらず、日本の民主主義に貢献したと言わなくてはならない。ふたたびウォルター・リップマンを引くならば、「要請し、提案する権力」と「同意を与える権力」「この二つの権力は、もし秩序と自由が必要ならともに不可欠である。しかし、各々の権力は、互いに他を制約し合い補い合いながら、しかもそれ自身の本分に忠実でなければならない」(前掲書、四一頁)のである。

したがって保守党がそれを試み、そして失敗して来た経験から明らかなように、強権的に権力を強化することは不可能である。もし、小選挙区制などの形でそれをおこなおうとすれば、ふたたび世論のたかまりによる政治危機が訪れるであろう。たしかに国論は分裂している。国論の分裂が存在するが故に、政権の能力は限られたものとならざるをえないのだが、まさに国論が分裂しているが故に、それを強権的に強化することはできないのである。そして国論の分裂の深刻さを考えるとき、分裂した国論が容易に融合するとは思われないし、したがって国民に利益を与えるのではなく、努力を要求できるほど強力な政権が現われそうもない。しかし、そのような政権が必要とされることは、われわれの課題の性質が要求するところなのである。

そのひとつの解答は、ナショナリズムに訴えることのようにも思われる。鳩山一郎の成功はその可能性を示している。しかし鳩山一郎の場合には、実行可能でしかもナショナリズムを捉える手頃な仕事がちょうどあった。現在それがあるだろうか。それに、理論的にも、ナショナリズムは現在の日本の問題に十分な解答を与えるものではない。ひとつには、ナショナリズムそのものが左と右とに分裂している。したがって、ナショナリズムに訴える場合には、かえって対立は激化するかも知れない。

より重要なことは、国際政治における相互依存の増大の結果として、人々の感情に訴えるようなナショナリズムは、今日ほとんど成立しえないということである。われわれがいかなる政策をとろうとも、われわれは米ソの優越という現実から逃れえないし、それを無視して派手にふるまうことは意味がなく、かつ危険である。ネルーからスカルノに至るまで、ナショナリズムに訴える派手な行動をとって来た政治家たちが、何故すべて失敗して来たかを忘れてはならないのである。

元来、ナショナリズムに訴えて国論を統一することは危険なことであった。外の敵を理由に国論の統一を計ることは、これまですべての国で何回もおこなわれて来たし、ある程度避けられないことではあるが、しかし国内の意見の多様性を押し殺す危険性を持っている。戦前の日本の失敗からわれわれが学ぶべきであるのは、まさにその危険である。しかも、第二次世界大戦とともに素朴なナショナリズムは死滅した。現在の世界においてナショナリズムを主張するためには、狡猾と言えるほどの知恵を必要とするのである。ときには国論の分裂が外交における発言力を強めることは、戦後の日本の外交の現実が示しているところである。しかし、対外政策をめぐって国論が真実に分裂することが危険であることは言うまでもない。吉田茂の外交は、われわれにそのことを教えている。

彼のうちたてた外交は現象的には変化するかも知れない。しかしナショナリズムと知恵を、すなわち情熱と理性、素朴さと狡猾さを、われわれが結びつけなくてはならないことは変らないだろうし、また変ってはならない。もちろん、この二つのものを結びつけることは困難なことである。吉田茂もその課題をかかげただけで終わってしまった。その後、何回かこの課題を解く試みがなされたが、部分的に成功するだけで終わって来た。

おそらく、この問題への鍵は「開かれた政治」にあるだろう。すなわち、国民を政治に参加させる大きな能力を持ち、それによって支持を獲得できるような政党が出現して初めて、戦後保守党が解こうとして解きえなかった問題は解決されるように思われる。現在の世界において意味のあるナショナリズムは、外にある対象に向けられたものでなく、自らに対する強い静かな自信でなくてはならない。そして民主主義とは、強力な政権を作ろうとすれば民衆を参加させなくてはならないものなのである。

この課題は保守党によって果されないかも知れない。保守党は普通の人間が参加することが非常に困難な雰囲気と構造とを持っているからである。民衆を政治に参加させるためには、討議が可能な雰囲気と構造を持たなくてはならない。すでに述べたように、民主主義における政治権力は、要請し提案する大胆さと、世論に対して耳を傾ける謙虚さをあわせ持たなくてはならない。つまり、討議をすることができ、それによって新しい課題の解決を模索し、同時に、世論の支持を得る能力を持たなくてはならないのである。しかし保守党の政治家の多くは、選挙民に利益を与える代りに政治を任せてくれという態度であり、自分の支持者および対抗者たちと、討議をおこなうことを可能にする雰囲気の持主ではない。また、これまで、日本で保守党に投票して来た人は多かった。しかし、彼らにしても保守党に政治を任せることができるとは思っても、保守党が自分たちの政党であるとは思わないのである。その意味で、多くの投票を獲得している保守党の政治の社会は狭く、「閉ざされて」いる。

だが、高度工業社会における問題はまさに、人々を巨大化した社会の営みにいかに参加させるかということなのである。保守党の人々は、政権を担当するに当って、人間は豊かになれば幸福になると考えた。しかしそれが幻想であることはすでに明らかである。今日の人間の不満は、彼らが貧しいからではなくて、彼らが巨大な社会の前にあまりにも小さな意味しか持ちえないために起こる。その無力感が人々をして、あるいは傍観的に、あるいは批判的にさせるのである。実際、都市における人々の不満と保守党の衰退は、物質的な次元では捉えがたい。なんと言っても、都市の住民は物質的にはより恵まれた人々なのである。彼らの不満は、彼らが彼らの住む巨大な社会の営みに参加していると感ずることができるまでつづくであろう。

もちろん、社会の営みに人々を参加させることは困難なことである。それは自然におこなえることではなくて、それを可能にするしくみが作られなくてはならない。だが、それは難しいことであり、それ故、昔から政治を論ずるものの中心的な課題となって来た。しかも日本の場合には、その政治の場が、伝統的に「閉ざされた」ものであったことが、その困難をいっそう大きなものにしているのである。まったく、それは保守党にとって不可能なことかも知れない。

われわれが直面している課題は、社会党も解きえないものかも知れない。ひとつには社会党もまた、決して「開かれた」存在ではないからである。しかし、より重要なことは、社会党にとっても、日本の政治の「閉ざされた」性格は大きな壁となっていることである。すなわち、外側から権力への接近が困難であることのために、それは、反対党としての存在を示す手段として、激しい反対をしなくてはならないのであり、まさにその事実が反対党に政権を与えることを国民に危惧させるのである。実際、反対党は激しい綱領をかかげ、政権をとるとそれを再考することを、地方自治の場においてすでに何回もおこなって来ている。それは、戦術の問題として済まされないものなのである。

こう考えると、われわれの立っている苦境は昔からある状況である。日本の政治において、信頼される勢力は普通人を近づけない。逆に普通人の近づきやすい勢力は十分な信頼を得ることができない。人々に信頼されながら、かつ近づきやすい政権ははたして作られうるであろうか。

（昭和四十二年 六 月執筆）
（昭和四十二年十一月加筆）

妥協的諸提案

I　与党の危機感を戒める

現実の危機と危機感

日韓条約の批准国会は二つの危機感の激突のなかですすめられている。社会党はベトナム戦争や印パ戦争など、アジアの動乱によってたかめられた日本人の危機感を、批准阻止運動の基礎にしようとしている。自民党は、ここ二、三年来叫ばれて来た自民党の危機打開のための強硬論によって党をまとめ、自民党の支持者たちをふるい立たせて、社会党と対決しようとしている。おそらく、国会が重要な段階にはいる十日前後（昭和四十年十一月）には、両党は対決の姿勢をますます強め、国会の内外において緊張はたかまるだろう。しかし、その緊張のたかまりにもかかわらず、両党の対決は日韓問題に対する理解を深める代りに、危機感を深めることで終わってしまうように思われる。なぜなら、両党の危機感は奇妙な形で食いちがっている上に、捉えどころのない漠然としたものなのである。

たしかに、内外の情勢はわれわれに危機感を与えるものを持っている。アジアの各地に相次いで起こる戦争、日本の急速な変化とそれが惹き起こす社会の不安定、これらの現象から危機を感じとらないものは、およそ政治家として失格であるとさえ言えるだろう。また、重要な問題が論じられるときに危機感がかき立てられるという現象も、決して珍しいものではない。それは安全保障条約をめぐる討議に際しても見られたし、警職法の場合にも現われた。皮肉に言えば、それは今や日本の政治の体質になってしまったのだし、それはそれなりの効能を持っていると言うこともできるかも知れない。したがって、ことさら危機感をとり上げて問題にすることの意味を疑う人もあるだろう。

しかし、今日、日本に見られる危機感は少なくとも三つの意味において、過去のそれと異なる。ひとつには、現在の危機感はかつてなかったほど、現実の危機によって裏づけられている。さきに述べたように、日本の内外の情勢はたしかに日本人の奮起をうながすものを持っているのである。もちろん、過去において現われた危機感がまったく現実の裏づけを欠いていたというわけではないが、しかしその多くは、何回かの経済危機説のように誇張されていたし、そうでない場合にも、安保条約に対する批判のように、おおむね原則に関するものであって、直接の影響はそれほど大きくはなかった。現在の危機は、多くの人が感じとっているように、より直接的であり、現実的である。しかし、危機がより現実味を帯びたものであるのに対して、われわれの危機感は逆に、いっそう漠然として、類型化されたものにとどまっている。実際、それは「一九七〇年」という亡霊によって駆り立てられたという性格がきわめて強い。たとえば、自民党の機関紙『自由民主』(昭和四十年十月一日号)は次のように言う。

「ひるがえって日韓条約阻止闘争に血道をあげる左翼勢力の動きを展望してみると、共産党はこの闘争をもって来るべき一九七〇年の安保破棄闘争と割り切り、社会党、総評を共同闘争にまきこもうと策している。……左翼勢力の日韓条約阻止闘争には、それだけの題目では世論の魅力なしとして、ベトナム反戦、物価問題をからめ、並べ立てているが、その魂胆は明らかに五年後の『安保廃棄』をねらうものであり、その前哨戦として日韓阻止闘争を展開しようと企図している」

日韓条約の批准をめぐる対決は、明らかに「一九七〇年」の文脈において捉えられているのである。そして、同様の傾向は社会党の側にも認められる。

「いま、戦後最大ともいうべき戦争の危機にあたって、党はベトナム侵略反対、日韓条約批准阻止のたたかいに全力をあげて取り組んでいる。同時に党は、このたたかいを一九七〇年にむけた長期闘争の前哨戦として位置づけ、当面するたたかいの前進のなかから、こんご数年間の全面的政治的対決において勝利をかちとる展望を切り開こうとしている」(『社会新報』昭和四十年十月十三日、伊藤茂の論文)

疑いもなく、外交政策をめぐる対立は日本の政治の最大の争点であり、それがふたたび論議される一九七〇年は日本の将来を決する重要な年になるかも知れない。そして、一九七〇年の時点から逆算すれば、自民党と社会党の対立は明快な二者択一で捉えることができるから、それは現在の危機感を現わすシンボルとしてきわめて都合のよいものであることは疑いない。しかし、現在の問題のすべてを、未来の対立から逆算して考えることが、はたしてできるであろうか。また、現在の危機は、「一九七〇年」というシンボルによって、あますところなく捉えうるものであろうか。私はそうは思わない。現在の危機が明確に捉えられておらず、また、明確に捉えようという努力がなされていないからこそ、やたらに「一九七〇年」というシンボルが振り廻されているのである。その間に、現実の日韓問題はますます片隅に押しやられてしまっている。

そして、現実の危機に対する漠然たる危機感は、政府与党についてもっとも典型的な形をとっている。自民党は、戦後の長い与党の歴史を通じて、危機感らしいものを持ったことはほとんどなかった。持ったとしても、それは安保反対デモのように例外的な状況においてであったし、その場合でも、自ら危機感をかき立てるということはしなかった。しかし、今度はちがう。そして政府与党が、危機感にとりつかれ、「一九七〇年」の亡霊に駆り立てられているところに、現在の危機感の、第三の、そしてもっとも重要な特徴があるのだ。私が現在の危機感を問題にした理由もそこにある。なぜなら、政治の場において、野党がかき立てる危機感と、与党のかき立てるそれとは、質的に異なった機能を果すものである。前者の場合には、危険を伴いはするが、なんらかの成果をもたらす。後者の場合には、危険はいちじるしく大きく、成果はほとんどない。

精神主義的な視角

この自民党の危機感は、高度経済成長が必ずしも社会の安定をもたらさず、かえってそれにもとづく社会変動が自民党の基盤を切り崩すことを発見した二、三年前に始まる。具体的には、共産党の着実な伸びと公明党の飛躍的な成長が、自民党の指導者たちに危惧の念を与えたのであった。そして、そこには豊かさのもたらす腐敗に反撥するそれなりに正しい古い倫理観が加わった。自民党の危機感をもっとも強く打ち出した福田赳夫が、現在の世相を「元禄調」として批判したのは、そのもっともよい例であろう。彼は、社会の大勢が「物質至上主義、享楽主義、刹那主義」に害され、「レジャー、バカンスそして無責任、無気力」の「元禄調」が世をおおっているとして、昭和三十九年初夏、池田勇人の総裁三選に反対したのであった。この福田の批判が、日本は経済は復興したが、精神面での復興はおくれているとして、新しいモラルの確立を説く賀屋興宣の意見とも共通するものがあることは明らかである。それは高度経済成長のもたらした問題を、日本人の精神面において捉えることで共通しているのである。

昭和四十年の夏『フォーリン・アフェアーズ』にのった岸信介の論文も、このような文脈において読まれる必要がある。その問題点は、一部の新聞が問題にしたように、日本の新聞に対する批判とか、再軍備の提案にあるのではない。彼は多くの人にとって同意し難いことを言っているにはちがいないが、それは意見の相違の問題であって、決してデタラメを言っているわけではないからである。問題は、岸が現在の諸問題をどう捉え、現在の危機をどのような意味において捉えているかにある。

このように見た場合、われわれはまず、岸の精神主義的な視角に注目せざるをえない。彼にとって自民党の弊害は「野党の存在が脅威でないために生ずる与党内の弛緩」であり、日本の問題は厳しい国際情勢にもかかわらず安易な態度をとりつづけている国民精神の弛緩である。もちろん、日本の現状に対する岸のこの診断は決して完全に誤っているわけではない。それは少なからざる真理をさえ含んでいる。しかし、現在日本が直面している問題をこの視角だけから見ているところに、彼の危機感の第一の特徴がある。しかも、岸の精神主義は、問題に対する解決策においても貫かれている。彼はさきに述べた精神の弛緩を解決するための方法として、自民党が憲法改正問題と正面から取り組むことを主張する。それは、「日本が真に戦後から脱却し、日本人が日本人としての自信と誇りを持つために必要であり、日本の真の復興はそこから始まる」のである。「テレビが普及し、食糧が豊富になり、国民所得の水準が高まったというだけでは、決して復興とはいえない」。この場合も、憲法改正が提案されている事実そのものよりも、それが提案された理由に注目する必要がある。

そして、このような精神主義と密接な関連を持つものとして、アジア主義的な考え方が現われる。彼は明治以来百年間の日本人の苦しみを、西力東漸に対抗した小国のそれとして捉え、日本の言論に見られる反政府的、反アメリカ的傾向の底流は、「アジア人のアジア」というスローガンに対する「同情とあこがれ」にあると説明する。したがって、このアジア人の心情を西欧諸国が理解することが自由主義陣営の将来にとって重要であると同時に、日本にとってアジアのなかで積極的な役割を果すことが必要であるとされるのである。こうして、岸の危機感は具体的で物質的な問題よりも、むしろ抽象的で精神的な問題の重視、内政よりも外交的姿勢の重視によって特徴づけられているといえよう。

もちろん、岸も自民党自体に問題を見ないわけではない。彼は派閥の存在をあげてこれを解消する必要を説き、自民党が青年層、勤労者層を把握する組織を持っていないことから、自民党を組織政党にしなければならないと主張する。自民党が組織政党になれば、「若い血液」を注入して党の老朽化を防ぎ、青年層と勤労者層を惹きつけうるというのである。

このような議論は、国の内外の情勢を見、最近の自民党の状況を見るときには、当然出現することが予測されるものであり、なんら不思議ではない。さきに述べたように、現在の危機感にはかなり現実的な裏づけがあるのだ。とくに、選挙ごとに得票率が減少し、共産党と公明党という組織政党の実力に脅威を感じている自民党であり、都議会の汚職のためもあって、都議会において過半数を割っただけでなく、第二党に転落した自民党が、なんら危機感を持たないとしたら、それこそ不思議である。

それに、岸の批判の一つ一つは決して的外れではない。たしかに高度経済成長を謳歌する時代は終わった。また、憲法改正の提案は別として、他の提案は自民党にとってやるべきことである。しかし問題は、岸によって代表される危機感が、日本が現実に直面している危機の中心を正しく捉え、正しく解決しうるものかどうかということであり、そして、岸の政治観と結びつけて考えた場合、彼によって代表される危機感が現在の日本の政治になにをもたらすかということなのである。それは、とくに日韓条約をめぐる与党の態度において問題になってくる。

説得より宣伝を重視

日韓条約の批准をめぐる政府与党の態度は、率直に言って、審議より宣伝を、という方針で貫かれて来た。実際、自民党は宣伝に驚くほど熱心である。一九六〇年の安保条約をめぐる混乱につづく世論の批判にこりた自民党は、世論へ働きかけるため、日韓友好条約批准促進国民会議を設置して、賀屋興宣を本部長とし、演説会や広報車による宣伝に懸命である。ビラや宣伝文書も大量に配付されている。デモについても、賀屋は「肉体による実力行動」を一応否定しながらも、「しかし、意気を上げるために秩序あるデモンストレーションも考えている」と述べている。社会党や総評は、もちろんデモなどの院外活動を重要視しているから、こうした自民党の態度は場合によっては、日韓条約批准に賛成のデモと反対のデモが衝突することも辞さないということになる。それに対して実質的な審議の方は、十月五日に開会されて以来二週間以上もの日時が空費されているという始末である。

こうした状況の真の問題は、形式的な意味で討議よりも宣伝がおこなわれているところにあるのではない。より重要でさえあることは、討議そのものが強い宣伝色を帯びたものであり、外交論議に必要な質を備えていないということなのである。なぜなら、たとえ国会の中ではおこなわれていなくても、日韓条約をめぐる討議は、自民、社会両党の代表者によって、テレビを初めとしたマスコミにおいておこなわれている。だから、そうした機会をも逃さずに政府は国民の理解を得るように努力できるのである。しかし、不幸にして、こういう討論会において聞かれる議論には、感情に訴えるものがきわめて多い。そのもっともよい例が、政府があたかも切札のように使っている李ライン撤廃ということである。それは疑いもなく、国民の民族主義的感情に訴える問題であり、したがって、日韓の国交を正常化するならば日本漁船が拿捕されることはなくなるという議論がいちじるしく有効である。たとえば、フジテレビのビジョン討論会において、田中角栄幹事長はこの議論をきわめて有効に使っていた。この問題を持ち出されると野次もとばしにくい雰囲気になる。

　しかし、この討論会に出席していた私は、田中の演説の迫力に印象づけられると同時に、一抹の危惧の念を持たずにはいられなかった。なぜなら、日本漁民の安全操業の問題はたしかに重要なものであり、日本の漁師たちが危険を冒して出漁しなくてはならないという状況はなんとかして解決されなくてはならないけれども、国際政治の冷たい現実のなかでは、それを理由に日本外交の路線を決めてしまってよいほど重要なものではないからである。それは日韓条約の是非を決める一つの要因でしかない。しかし、現在の政府与党の宣伝においては、それは民族主義への感情的訴えの故に、不釣合な重要性を持たされてしまっているのだ。

　そして、この民族主義への感情的訴えかけが、善隣友好の政策とか、貧しい隣国を助けるのは日本の義務であるとかいう「理想主義的」な議論と、いかに奇妙に結びつけられていることであろうか。それに引き換え、もっとも近い隣国である韓国が安定することが、日本にとって利益であるという、日韓関係正常化の真の理由は、いかにささやかにしか述べられていないことであろうか。まったく、現在おこなわれている討議は宣伝色が強すぎるのである。

もちろん、このことについては自民党だけが責任を負うべきだというわけではない。たしかに、自民党は宣伝を重んじすぎるけれども、社会党は院外の行動に重きを置くということを公言さえした。実際に日程を引き延ばしたのは社会党の方である。はっきり言えば、社会党は国会審議そのものを宣伝のために利用している。すなわち、それは日程を引き延ばすことによって、政府を時間で苦しめ、審議を十分につくさなかったという非難を政府に浴びせるための巧みな準備なのである。だから、審議をつくす代りに宣伝をしているという非難は、社会党にこそ妥当するものだと言われるかも知れない。さらに民族主義的感情に対する訴えかけと、理想主義的なスローガンの奇妙な結合は、社会党にも見られるものである。社会党は、朝鮮民族に対して真に償いをしようと思うならば南北朝鮮の統一を阻害しないことが最善の方法であるという議論と、竹島は日本の領土であるという議論とを平気で結びつけている。竹島は日本と韓国との友好という見地から見れば、問題にならないくらい小さなことであるのに、その感情的訴えの故に、竹島は不釣合に強調されているのである。そしてデモはと言えば、それを社会党が総評の専売特許にしておく必要はないという議論がなされるであろう。

しかし今までは、審議よりも宣伝という態度を、自民党はとってこなかった。デモの動員に対しては、デモの動員をもって報いるという考え方はしてこなかった。それは国会審議において、消極的に逃げ廻るような答弁をくり返すことが多く積極的に論じ合うことをしなかったが、しかし感情に訴えるような宣伝もデモ動員も、しようとはしなかった。少なくとも形式的には、政府は審議において説得しようと努めて来たのである。しかし今は、いかにうまく宣伝し、いかに多くの人間を動員するかに決定的要因を見出しているように思われる。

そして、宣伝とデモに対する態度がこのように変ったことにおいて、私は自民党のなかに強まりつつある危機感の作用を見る。なぜなら、この危機感の特徴はまず、精神主義にある。ところがそれは、これまで自民党の絶対の自信の源泉であった経済発展への信念が崩れたことによるものであり、すなわち、経済発展によって日本社会をいつの間にか変質させ、それとともに社会党を変質させる自信を失ったことを示唆している。

しかも、こうして危機感をいだいている人の多くは、偏狭な反共主義者である。彼らは柔軟な反共主義者である他の自民党員と異なって、社会党を信用していないし、その立場のなかに含まれる真理と正義とを見ようとしない。そこで、衰えつつある自民党の敗勢をたて直すために、自民党の組織政党化が語られるとき、自分たちが信じている党の立場は正しいとして前提されてしまう。だから宣伝や組織は、その場合、純然たる手段の問題となり、組織政党にするためには党の政策そのものを変える必要がありはしないかということは考えられなくなる。また、社会党に対する不信感故に、説得は問題にされなくなる。そして、宣伝には宣伝で対抗し、デモの動員にはデモの動員によって対抗するという態度が生まれる。日韓条約の批准をめぐる討議を、一九七〇年の時点から逆算しているのは、その何よりの現われである。そこでは、自分の態度は正しいとして不変のものとされ、社会党はこれを切り崩す脅威として、これまた不変のものとされるのであり、自民党と社会党がその間に変化して、安保体制をめぐる対立が無意味になったり、意味が変化したりする可能性は否定されてしまっているのだ。

したがって、そこでは世論への宣伝とデモの動員が問題となり、その力のバランスが事態を決定するものと考えられてしまう。そして、日韓条約の批准をめぐる対立は、それ自体としてよりも、むしろ「一九七〇年」の前哨戦として重要視されることになるのである。こうして、自民党が危機感を深めていることが、自民党をして宣伝には宣伝を、デモにはデモをという対決態勢を固めさせていることは明らかである。

しかしいったいそれでよいのであろうか。私の答えは明らかに「否」である。それは自民党が統治政党として当然背負うべき三つの責務をないがしろにさせる危険を持つ、と私は思う。

外政家としての責務

その第一は、そのような態度で外交問題が論じられる場合には、外交政策をめぐる議論らしい議論はおよそなくなってしまうということである。そしてそれは、日韓問題という身近であって、しかも複雑な問題については、後に悪い影響を残すように思われる。なぜなら、それは身近な問題であるが故に、人々の感情に訴える論議が可能である。李ラインの問題にしても、竹島の問題にしても、すべてわれわれに身近に感じられる。日本は周囲を海に囲まれていて、どの国とも国境を接してはいないし、それ故に、日本において外交問題が語られるときはいつも、抽象的な言葉において、遠い国のことが論じられることになって来た。しかし、韓国だけは例外的な存在であると言えるだろう。それは半ば国境を接しているような身近さを感じさせる。そして日本が朝鮮半島の安定を必要とするのも、この身近さの故なのである。

しかし、この身近さこそ、朝鮮半島をめぐる国際政治について、冷静な議論を妨げて来たものであった。明治初年の征韓論をめぐる議論がそうであった。日清戦争を前にした国論がそうであった。陸奥宗光は『蹇蹇録』に次のように書いている。

「抑々我国の独力を以て朝鮮内政の改革を担任すべしとの議の世間に表白せらるるや、我国朝野の議論実に翕然一致し、其言ふ所を聴くに概ね朝鮮は我隣邦なり、我国は多少の艱難に際会するも隣邦の友誼に対し之を扶助するは義侠国たる帝国として之を避くべからずと云はざるなく其後両国已に交戦に及びし時に及では、我国は強を抑へ弱を扶け仁義の師を起すものなりと云ひ殆ど成敗の数を度外視し、此一種の外交問題を以て宛も政治的必要よりも寧ろ道義的必要より出でたるものの如き見解を下したり」

問題の性質は異なり、時代は変ったけれども、朝鮮半島をめぐる外交について論ずる日本人の態度は、はたして変ったと言えるであろうか。そして、今日の韓国の内情はそのような単純な議論によって理解されうるような簡単なものではないのである。たしかに、韓国が安定することは韓国にとってだけでなく日本にとっても利益である。したがって私は、日韓関係の正常化に賛成する。日韓条約は南北朝鮮の統一を阻害するという反対論は、南北朝鮮がすでにはっきりと分割されている現在では、論拠とするにはあまりにも弱い。

しかし日韓条約の締結が、はたして韓国の安定をもたらすであろうか。すなわち、日本の経済協力は韓国の経済を発展させるであろうか。それはきわめて疑わしいと言わなくてはならない。韓国には、これまでもアメリカが大量の援助を注ぎ込んで来た。それにもかかわらず韓国の経済は低迷をつづけて来たのである。その理由は深く、かつ複雑である。もちろん、六〇万という厖大な軍隊が大きな障害となっていることは、これまでにも指摘されて来た通りである。しかし、それだけを強調するのはおそらく正しくないであろう。北朝鮮にも四〇万の軍隊がいて、人口との比率は一一〇〇万に対して四〇万で、韓国の二八〇〇万対六〇万よりもはるかに多い。それでも、北朝鮮の経済はうまくいっていると言われる。また、工業設備が日本統治時代から韓国になかったこと、資源にも恵まれていないこと、朝鮮事変によって大きな破壊を経験したこと、そして六〇〇万の難民が流入したこと、これらはすべて、韓国の経済を低迷させている大きな原因である。

それでも、もし韓国の経済が発展の兆を見せているのならば、日本の経済協力は意味を持つだろう。しかし問題はその兆が見られないということなのである。したがって、問題の核心はおそらく、疲弊した農村と、不均衡な投資の型にある。李承晩（イスンマン）は購買力のないところに工業を興し、インフレーションによって人工的に購買力を作り出した。韓国は今日でもその悪循環から抜け切っていないのである。したがって、今日の韓国経済についてもっとも悲劇的な状況は、工業設備がないということではなくて、存在する少しの工業設備すら完全操業していないという事実なのである。こうした状況において、日本の経済協力が韓国の民衆に真に役立つようにするためには、日本の側における叡知と慎重さを必要とする。私は、韓国における状況が悪いからこれに介入しない方がよいというには、日韓の友好関係はあまりにも重要であるから、経済協力に賛成するけれども、われわれは少なくとも問題の難しさを理解してかからなければならない。

しかも、韓国との協力関係を困難ならしめているのは、その経済の混乱だけではない。日本と韓国の過去における不幸な関係は、過去二千年の間の朝鮮半島の外国支配とともに、今日もなお暗い影を投げかけている。それは正史の記すところによると、これまでに九三一回も侵略されたことがあるという。だから竹山道雄（たけやまみちお）のすばらしい旅行記「ソウルにて」（『自由』昭和四十年十一月号）が描いているように、それはまったく複雑な国なのである。朝鮮の人々は、あのすばらしい陶器を作った才能を持つ人々であると同時に、政治的には不幸な分裂をくり返してきた民族でもある。今日の韓国は、かつての朝鮮よりも活気に満ちているが、しかし言論の自由はなく、日韓条約は衛戍令（えいじゅれい）の下で批准された。そして、われわれはこうした性格を持つ韓国と、今後友好関係を保って行かなくてはならないのである。それはきわめて困難な仕事だと言わなくてはならない。そして、その困難さを国民が認識しているか否かにこそ、今後の日韓関係がかかっているように思われる。十分な審議はこの意味からも必要なのである。

とくに、韓国との関係は、戦後初めて日本が積極的な責任を担うものである。なるほど、これまでにも日本は経済協力をいくつかの国との間でおこなってきた。しかし、それは失敗しても、その効果が直接日本にはねかえってくるような近い国の問題ではなかった。すなわち、責任はきわめて軽いものであった。また、日本はこれまでに安保条約のように、責任を担ったこともあった。しかしその場合、実行にあたる主役はアメリカであった。だからともかくも、安保条約が承認されれば、それはかなり有効であった。しかし日韓関係の場合はちがう。韓国との経済協力に失敗することは、日本に直接の影響をもたらすし、しかも、経済協力において日本は積極的な役割を果さなくてはならないのである。それ故に国民の理解が是非必要なのである。問題はあくまで今後にかかっている。単純な宣伝ですまされる問題ではないのだ。

たしかに、外政家はつらいものである。明治の日本の生んだ二人の偉大な外政家、陸奥宗光と小村寿太郎は、その身命を賭して努力した日清、日露の戦後処理故に、人々から激しく非難された。陸奥は「戦争に於ける勝利は外交に於て失敗せり」と攻撃され、小村はポーツマス会議での努力を日比谷の焼打ちによって報いられた。しかし、それはやむをえないことなのだ。なぜなら、外政ははなやかな仕事ではない。外交は基本的には、いくつかの相異なる利害の調整と妥協であり、国内から見ればつねに不満足な結果しか得られない。しかも、国内政治に見られるようなはなばなしい建設はそこにはない。はなやかな外交はほとんどつねに自壊する。それ故に外政家たるものはその仕事の負担に耐えなくてはならないのである。とくに、外政家にとって、議会はもっともつらい試練である。そこで得られるのは、せいぜい理解であり、賞讃は決して得られない。しかし、それにもかかわらず、議会における討議は外政家の責務なのである。

統治政党としての責務

しかし、おそらく現在の政府与党の最大の問題は、宣伝には宣伝を、デモの動員にはデモの動員を、という危機感に駆られた自民党の対決の姿勢が、自民党の体質に与える決定的な悪影響である。そのことからして、私は与党はデモをするべきでないと信ずる。また、宣伝はあくまでも活動の中心であってはならない。

なぜなら、まず自民党はまだ「右翼団体」と完全に切れてはいない。今回の日韓条約批准促進運動においても、自民党の一部の人々がこれを利用しようとしたことは、社会党によって指摘されているだけでなく、新聞紙上でも明らかにされている通りである。もちろん、ただ単に右翼的な考え方をしているだけで、これを拒否することは正しくないだろう。また、単に保守的である人々に「右翼」というレッテルをはろうとする傾向も同様に正しくない。しかし、一九六〇年の浅沼稲次郎（あさぬまいねじろう）の刺殺や、嶋中（しまなか）事件が示しているように、日本の「右翼」はなんとしても許容しえない行動をとって来た。したがって宣伝活動やデモにおいて、こうした暗い性格を持つ「右翼団体」を利用することは、それを強めることであって、決して好ましいことではないのである。それに、偶発的におこる事故が日本の政治情勢を急激に混乱させる可能性も、まるでないわけではないのだ。

しかし私は、この「右翼団体」の問題に、それほど大きな比重を与えてはいない。むしろ問題は、自民党が「秩序あるデモンストレーション」をおこなった場合のことであり、私が与党はデモをやるべきではないというのは、その場合も含めて、あるいはその場合を指して言うのである。なぜなら、その背後にあるものは大衆動員の政治観である。すなわち、そこでは自らの主張の正しさは前提されており、それが国民の支持を得ないのは、国民に訴える技術の拙さの故であり、組織の弱さのためであると考えられている。しかし、こうした政治観は原理の問題における理想主義（あるいは精神主義）と、実践の面におけるシニシズムの結合をもたらすが故に、政党の全体主義化を招くものであり、その意味できわめて危険なのである。私はこれまでに社会党について同じような指摘をしたことがあるが（NHKテレビ、佐佐木更三他三氏）、より強力な自民党が同様の危険を冒そうとするとき、いっそう声を大きくして、その危険を指摘しなければならない。

だいたい、これまで日本においては大衆動員の危険について、あまりにも無関心でありすぎた。せいぜい問題になったのは、それが交通を乱すこと、すなわち秩序を乱すということであった。一般民衆はデモについて、なにかそれ以上の危険を漠然と感じていたかも知れないが、しかし、口にされる批判は秩序の攪乱ということに限られていた。だが私の見るところ、デモのもっとも危険な効果は、それが組織に対して与える影響である。なぜなら、デモは感情的なたかまりを持つ出来事であり、そこには多数の人間が集められなくてはならない。しかし、人は多くの場合、雑多でまとまりがない。そうした大衆を集めるためには、なにかわかりやすい旗印が必要であり、そして中央集権的な政党組織が要求される。第一の点はこれまでにもデモの批判者によって指摘されて来た。すなわち、デモのスローガンがきわめて問題を単純化したものであり、しかも物価値上げ反対とベトナム反戦とを結びつけるように、異質のスローガンをいくつか結びつけたものであることを批判して来た人々は、これまでにも存在する。それはそれなりに正しい批判なのである。第二の点はデモに参加し、デモに幻滅した人から聞かれるところである。デモにおける個人は、ある目に見えない流れに押し流されるように、その指揮者によって動かされる。

もちろん、それ故にデモは廃止されるべきだと言うわけではない。それは少数者の抗議の方法として、きわめて有効である。それは劇的で、そして人目を惹く。しかし問題はそれが例外的なものでなくなり、ある運動の中心的な運動方法となったときに起こる。その場合には、わかりやすく、人の感情に訴える旗印、すなわち神話と中央集権的な大衆組織の結びつきが、党を全体主義化させるからである。少なくとも、それは政治に必要な寛容さと妥協の代りに、狂信と過激な行動を生む。だからそれは、とくに与党の避けるべきことなのである。

その危険は、すでに十九世紀の末に、民主主義の優れた批判者たちによって指摘されているところでもある。十九世紀の末、イギリスにおいて、大衆が初めて政治に参加するようになったとき、二人の批判者がその危険を指摘した。その一人サー・ヘンリー・メインは『人民政府論』のなかで、大衆の時代においては、大衆に訴える必要から、技術やタイミングの問題を含む複雑な政治上の問題を単純化して示すことを余儀なくされることを指摘して、そこに危険を見出した。他の一人オストロゴルスキーは、大衆政党の組織を研究して、巨大な組織においては個人の意見はその力を減じ、かえって組織を握る少数の指導者の支配体制が出来上ることを予言した。

もちろん、だからと言って、大衆民主主義を否定すべきだということにはならない。また、現在の政治体制において、組織のない政党の方がよいという議論の成立するわけでもない。さらに、この二人の批判者たちの指摘した危険は、多くの場合、現実化しないですんだ。なぜなら大衆の持つ多様性と非政治性のおかげで、政党は統一がとれ、政治目的のはっきりした組織よりも、雑多で、日常的な組織をいくつか作らなければならなかったからである。すなわち、人々を動員する組織ではなくて、人々の間の関係を調整し統合して行く組織を作らなくてはならなかった。しかし、われわれは大衆動員の危険を十分に認識しておく必要があることは疑いない。

とくに現在は、自民党が自己を組織政党に改造しようとしている重要な時期である。疑いもなく、自民党が組織政党に生まれ変ることは必要である。それでなければ、自民党は、高度工業国家の社会のもたらす問題を解きえないし、したがって得票の漸減は免れ難い。しかし問題は、それが動員する組織を作るか、調整する組織を作るかということである。疑いもなく、前者の方法はより容易であり、後者は難しい。しかし、やさしい方法は危険なのである。

しかも、それは自民党だけの問題ではない。日本は高度経済成長とともに、ようやく言葉の真の意味における大衆民主主義の時代に入りつつある。いままでは自民党は地縁的な共同体を地盤としていた。社会党は共同体的な性格を持つ労働組合の上に立っていた。しかし、それらは昔ほど強力ではなくなり、都市には孤独な群衆が現われ始めた。共産党と公明党の成功は、まさにその大衆を捉えたからに他ならない。しかし、この二つの政党にかなりの数の市民が危惧の念を持つのは、それが神話と中央集権的な組織を持つ動員の政党だからである。そして、自民党、社会党、民社党は、それに匹敵する組織を持っていない。だから、少々誇張して言えば、日本の将来はこれら三つの政党がいかなる性質の組織を作っていくかにかかっているのである。そのようなとき、自民党は動員の政党になる危険を持つような行動をするべきではない。つまり、デモはするべきではない。幾何学に王道がないのと同じように、統治政党への道において容易についてはならないのである。

内治派としての責務

それに、現在自民党の指導者のいだいている危機感は、それ自身、現在の日本の危機を正しく捉えていない。少なくとも、それは現在の日本の危機を解くのに適当なものではない。それは日本の現状を、経済的には復興したが精神的にはまだ復興していないという形で捉えている。それは一方において経済中心主義への自信を失い、社会党へ働きかける自信を失いながら、他方、問題は内政よりもむしろ外交にあると見ている。

だがはたしてそうだろうか。私は、やはり問題の中心を日本国内の問題におくし、しかも問題を抽象的、精神的に捉えるよりは、具体的、物質的に捉える。考えてみれば、現在の日本において、多少の社会的不安定があり、自民党の票数が漸減しているのはむしろ当然のことなのである。自民党の一部の人々は、高度経済成長にもかかわらず問題が起こって来たと考えている。しかし、実際には、高度経済成長のおかげで、それも高度経済成長の成功のおかげで、問題は起こって来たのである。人間の社会では多くの場合、問題は失敗よりも成功から起こるのだ。なぜなら、高度経済成長は経済を支える社会的、政治的枠組を不十分なものとしてしまった。

驚異的と言われる日本の戦後の経済成長は、戦後の占領改革によって作られた社会的、政治的枠組の上で初めて可能になった。もちろん、占領はよいことだけをもたらしたのではない。いかによいことであれ、他国のイニシアティブで国の体制を変更することには必ず問題がある。そして、それが「精神的」な問題であることも疑いない。それにもかかわらず、戦後の改革が経済成長の枠組を与えたことは間違いないのである。

試みに、戦後の日本経済の成長の要因を見てみるがよい。そこには、いくつかの外的要因がある。科学技術の発達とそれによる生産性の上昇、同じ理由で関連する原材料の価格低下、そして朝鮮事変という突発事件、これらは日本経済の成長に大きく役立った。しかし、それと並んで他の要因も重要である。労働組合の結成、財閥解体、農地改革は、日本国内の所得を平均化させ、国内市場を拡大した。それがいかに日本経済の基盤を安定させたかは見逃されてはならないことである。さらに、財閥の解体と軍需工業の廃止は、宮崎勇（みやざきいさむ）が「戦後民主主義の経済学」（『中央公論』昭和四十年八月号）で指摘しているように、日本経済のなかで競争らしい競争を現出せしめた。また、農地改革は農民の生産意欲をたかめ、農業生産の増加の基本的な要因となった。農業人口の急激な減少にもかかわらず、農業生産がほとんど倍に増えたという事実こそ、農村から工業へという労働者の移動を可能にして、工業生産の増加を可能にした要因なのである。教育改革によって大衆教育がおこなわれたことも、労働力の平均的素質を上昇させたことにおいて無視することはできない。これらの点において、戦後の改革は日本の経済発展に貢献した。こうして敗戦は大きな悲劇をもたらすとともに、いくらかの寄与をした。敗戦のルサンチマンにあまりにも捉われている人はその面を見ることができないのだ。

しかし、この社会的枠組は、高度経済成長のおかげで時代おくれになってしまった。農業はこれ以上生産性をたかめようとするならば、より大きな生産単位を必要としている。中小企業も生産性をたかめなくては経済発展について行けない。無軌道に競争して来た企業は、今や相互の調整を必要としている。もちろん、こうした改革をどうしておこなうべきかということを、私に言う能力はない。しかし、明白なことはそこに問題があるということなのだ。

そして、それをもっとも端的に表わしているものが、住宅問題を中心とする都市の問題なのである。経済成長とともに大量の人口が都市に集まるのとは反対に、政府は住宅対策を怠って来た。

あるいは、住宅政策を高度経済成長の犠牲にして来たから、驚異的な成長が可能になったということができるかも知れない。しかし、今や住宅事情の悪化は深刻な問題を生み出しつつある。新しく都会に入って来た人々は、物理的にいって、住むにふさわしいところを持たない人々なのである。そして、こうして都市住民が流民化しつつあることこそ、社会が安定を失いつつあることの大きな原因なのである。物理的に住むにふさわしいところを持たない人が、精神的に流民化することは、むしろ当然である。統治政党としての自民党の課題はこうしたところにある。

このような課題に答えることによって初めて、自民党は社会党に対して、行動をもって働きかけることができるし、社会党の「ドグマ」を捨てさせることができるのである。なぜなら、問題を純粋に経済の発展に限った場合、自由主義経済の優位は明らかである。おそらく一部の人を除いて、この点を疑う人はいないだろう。しかし、経済の発展は純粋に経済の問題ではない。それは、現在の状況がそうであるように、いつか古い社会的枠組の壁にぶつかる。それを克服することができるか否かこそ、自由主義にとって最大の試練なのである。そして、それに成功するならば、ドグマ的な社会主義に惹かれる人は、ほとんどいなくなるであろう。

それに、たとえそれが強力な手段ではなくても、経済政策などの物質的な問題の解決にその努力を集中し、精神主義的な動員をおこなわないところに、自由主義の本質がある。また、それは国内の問題は国内の問題として解決し、決して外交的な姿勢に代償を求めないことを基本的な原則としている。それは、戦後の日本においてようやく根づいて来た。なぜなら、それは必要であった。戦後の日本は経済的に疲弊し、その権力は制限され、国際的に活躍する場所はなかった。政府は経済発展に努力する以外に術を持たなかった。しかし、この苦況は、日本における政治の新しいスタイルを生み出しつつあるのである。それは言葉の真の意味での「内治派」と言うことができるだろう。われわれはそれを捨て去るわけにはいかない。

さらに言えば、経済問題など物質的な問題の解決に努力を集中する以外、自民党と社会党の間に共通の場を見出していく方法はない。それは弱い手段であるかも知れないが、われわれが持つ唯一の手段なのである。原則には妥協の余地がない。人々が妥協できるのは、現実の世界においてだけである。野党である社会党や知識人が精神主義であるのは、ある程度まで仕方がない。それは「抗議」をその任務の一つとして持つからである。しかし、与党の仕事はそれを「取り入れる」ことである。野党の綱領を「盗む」ことほど、与党にとって名誉なことはない。しかし、野党の精神主義に対して与党が精神主義で対抗する場合には、それは不可能になってしまう。すなわち、一九七〇年に激突を予想される原則の名においてすべてをおこなうときには、妥協は成立しえなくなり、力の対決のみが現われることになる。一九七〇年までにわれわれがしなくてはならないのは、これとは逆に、共通の仕事を通じて、できるだけ共通の基盤を作っていくことなのである。

私は初めに「一九七〇年」を亡霊と言った。より正しくは、それは「一九六〇年」の亡霊である。多くの人々はそれが一九七〇年に現われることを当然のこととしている。しかし、それはまだ現われていないのである。そしてそれは、一九七〇年にも現われないかも知れない。少なくとも、われわれはそれを現われないようにすることができる。そして、そのためには、まず与党たる自民党が精神主義の危険に気づくべきなのである。もちろん、現在の日本には危機的な雰囲気を生み出し、一九七〇年に亡霊が現われることを予想させる何ものかがある。しかし、現実の危機は身近にあり、そして具体的なものである。われわれはそれを解かなくてはならないし、それを解こうと努力することによって新しい自信を得ることができるかも知れない。

また、自民党は、社会党や民社党と同様、組織政党にならなくてはならない。しかし問題は、いかなる組織政党になるかということである。たとえて言えば、それは動員力のある「街頭」の政党になることもできるし、また日常的な平凡な活動を通じて活動する「茶の間」の政党になることもできる。そして、統治政党として自民党のとるべき道は、明らかに後者の方である。なぜなら、結局「街頭」よりも「茶の間」の方が人間にとって大切なのだ。

（昭和四十年十月執筆）

II 強行採決の政治学

強行採決批判の安易さ

ここ十年あまり、「強行採決」は日本の議会政治につきもののようになってきた。あるときは野党の審議引き延しにしびれを切らして、またあるときはそれに先制して、与党は抜き打ち的に決議をおこなう。その方法は狡智の産物として多様をきわめるが、その結果、国会にはつねに大きな混乱がまきおこる。

昭和四十二年八月二日の衆議院社会労働委員会は、もうひとつの強行採決を議事録に付け加えた。もっとも、議事録には言葉はほとんど記録されていない。天野光晴(あまのみつはる)議員の質疑打切動議の提出とともに、議場は大混乱に陥り、委員長席に詰めよる社会党議員とこれを阻止する自民党議員の怒号と乱闘のなかで、川野芳満(かわのよしみつ)委員長は議決に必要な言葉を話すが、だれも聞きとれない。そのまま、質疑打切動議と法案が起立多数によって可決され、やがて自民党議員は勝ちどきを、社会党議員は怒号をあげながら散会したのであった。

この言葉が機能するのをやめた状況こそ、日本の国家的意思が決定される状況なのである。昭和二十九年六月三日、警察法案の審議のために自由党が会期を二日延長するのを強行して以来、新日米安保条約、日韓条約、そしてこの健康保険特例法案に至るまで、重要な案件はすべて強行採決によって決定されなくてはならなかった。

したがって、当然、強行採決に対してはその都度はげしい非難の声が浴びせられてきた。昭和二十九年六月三日の強行採決に際して、『朝日新聞』は、「悲しむべき国会の醜状」と題する社説をかかげ、議場が「収拾すべからざる大混乱に陥り、最後には議長の要請に基く警察官の国会出動という、国会史上いまだかつてみない醜態」を招いたことを批判したが、それ以後今日まで、新聞、テレビ、雑誌などあらゆる報道機関が、あるときは与党を攻撃し、あるときは野党を批判し、またあるときは喧嘩両成敗的な議論を展開しながら、つねに議会民主主義の危機を叫びつづけてきた。議員に対する不信感が強い言葉で語られ、とても常識では考えられないことが起こったという憤りがぶちまけられた。そして、国民が目ざめ、立ち上がることが、何回も呼びかけられた。

しかし、そうして呼びかけられた国民は、次の選挙にはほとんど同じ議員たちを選んだ。そして同じように強行採決とそれをめぐる混乱がくりかえされ、その後で、ほとんど同じ批判がまた口にされてきたのである。だから、言論と良識の空しさと、日本の議会民主主義の極度の腐敗を過去の歴史から引き出すことはやさしいように思われる。実際、そうしている人も少なくない。

だが、少し角度を変えて見てみよう。強行採決には多くの人々の精力が使われ、少なからざる人々の地位や名誉がかかっている。現に、社会党の佐々木更三委員長と成田知巳書記長は、健康保険特例法案の強行採決の事後処理の誤りから辞職する羽目に陥った。これに対して、国会の混乱に憤りの意見を表明する人々の消費する精力はごくわずかで、まったくとるに足らない。彼らは電話で意見を聞かれ、深く考えるひまもなく気楽に返事をする。それによって彼らはなんのマイナスも受けない。なによりも、彼らの批判はまったく型にはまっている。自民党を批判する人々は「多数の暴政」を口にし、野党に十分な時間を与えなかったことを攻撃する。野党を批判する人々は、彼らが議事規則を守らないことを非難する。そして多くの人はこの二つの議論をうまく結びつけて、喧嘩両成敗という因習的良識を示す。

それは間違ってはいないが、安易である。なぜなら、いずれの場合にも、強行採決を批判する人々の発想は、当然巧く機能すべき議会制度がそれを構成する人々の不当な行為のために巧く機能していないというものである。彼らの口調は新しく買い入れた機械が説明書どおり機能しないのを憤る人間のそれと、あまりにもよく似ているように思われる。それはイギリスでは巧く機能している、アメリカでもそうだ。フランスでは少しは異常もあったが、一応巧く機能している。日本でだけ巧く行かないはずはない。それは機械の使い手がよほど悪いのだ。彼らの批判にはそのような雰囲気がただよっている。

だが、そうだろうか。議会民主主義は巧く行くと決っている制度なのだろうか。議会民主主義を生み出したイギリス人の著作は、そうした楽観論を強く否定している。たとえば、ウォルター・バジョットはその有名な『英国の国家構造』のなかで書いている。

「議会政治を与しやすいもの、自然なもの、説明を要しないものと想う人は、決して議会政治を理解しない人である。一介のクラブによる政治が、いかに奇蹟中の奇蹟であるかを了解するまでは、この問題のいろはも知らないといえるのである」（深瀬基寛訳、一九四頁）

同じく、サー・ヘンリー・メインもその『人民政府論』で言う。

「すべての政府形態のなかで、民主主義は断然、とび抜けて難しい。……概して、人民の政府における最も成功した試みはその困難を率直に認めたところのものである」（八七－九三頁）

イギリスを初めとする西欧諸国において、民主主義はつねにその欠点を指摘されながら作られてきた。その批判者にはサー・ヘンリー・メインのような保守主義的な人物や、トックビルのように知的にはその到来の不可避を認識しながら感情的にはデモクラシーに反撥して、その欠点の除去に努めた人物など多様であったが、こうした批判者の存在が民主主義の欠点を補ってきたのである。実際、そうした批判者が存在しないことこそ、日本の民主主義の最大の弱点とさえ言えるかもしれない。イギリス人は自分たちの手で議会民主主義を作ったから、その欠点を知っていて、それを補いつつ機械を動かしている。われわれは外国から機械を輸入し、それを完全だと思っているので、それが巧く機能しないのにいら立っているのである。

だから、われわれはまず強行採決という現象について、それを議会民主主義にあるまじきものとして否定する態度を変えなくてはならない。たしかに強行採決は異常である。しかし、それをめぐっておびただしい努力が注がれ、人々は真剣である。われわれもそれがなぜ起こるのかを、真剣に分析してみなくてはならない。それは議会民主主義の弱点を教えてくれるだろう。

強行採決の二つの類型

強行採決になる案件は、それに対する野党の態度から、だいたい二つに分けることができる。そのひとつは、野党が真実に徹底的に反対しなければ、その存在理由を失うと感ずるような案件である。そのもっとも代表的なものは新日米安保条約であったが、外交政策に関する案件はだいたいこのなかに入る。また、国家の秩序維持を強化するための諸措置もこの部類に入り、事実、警察法をめぐって最初の強行採決がおこなわれた。さらに、教育関係の法案も、根本的な対立を招くときが多く、教育二法は強行採決の対象となった。

これらの場合、社会党はあきらかに議事規則を破る行為によって、議案の成立を阻止しようとする。昭和二十九年六月三日の会期延長に際しても、昭和三十五年五月十九日の新日米安保条約の批准に際しても、社会党議員たちは、その秘書も加えて、議長室と議場にピケを張り、議長をカン詰にして、議長席につけないようにすることにより、開会を不可能にし、議案の成立を阻止しようとした。これに対して、与党は、議長を議長席につけるべくもみ合ったのち、それが不可能とわかると、警官隊の導入によって社会党議員の抵抗を排除して開会し、多数決によってその意思を通した。与党も野党も案件をきわめて重要視していたので、野党は身体を張っても阻止しようとし、与党はなんとしてもそれを通そうとしたのであった。

しかし、これらの場合に、社会党は最初に暴力を使うことによって議事規則を破ったけれども、そうした異常な方法によって案件の成立を阻止してもよいと判断する理由を持っていた。すなわち、彼らは、自分たちの緊急の行動に対して世論の支持が得られると考えていたのである。

昭和二十九年六月三日の場合は、吉田内閣の末期で、その人気は地に堕ちていた。そして、国会はすでに六ヵ月にわたってつづけられており、しかも三回にわたって会期が延長されていたが、こうして国会が長引いた原因は、吉田首相の病欠による停滞など与党側にもあった。さらに、防衛法案、教育二法案などについて、与党は野党の反対を押し切って可決しており、警察法案についても押し切られるならば、野党はその完全な無力さを世の中に示すことになるのであった。最後に吉田首相は国会が終わり次第外遊することになっていたので、警察法案の成立を急いだことは、「警察法案を訪米の土産にするのだ」という非難を呼びおこしていた。両派社会党が「身体を張って」その成立を阻止するようになったのは、こうした事情においてであった。

新日米安保条約を社会党が実力で阻止しようとしたときも、同じように、時の首相岸信介はきわめて不人気であった。そして、新日米安保条約に対する社会党の批判は、かなり多くの国民の共感を呼んでいて、それ故、社会党としてはもっとも闘いやすい問題であると考えられた。たとえば、昭和三十五年一月十八日の『朝日新聞』の世論調査によれば、「改定によって戦争を心配する」というもの三八%、「そうは思わないもの」二七%で、安保条約の改定への反対は強いものがあったのである。このとき、安保特別委員会での社会党の質問は的を射たものがあり、条約の問題点が国民によく伝えられていたのであった。それに、六月二十日ごろアイゼンハウァー大統領が来日することになっていたため、それまでに新日米安保条約を成立させようとして国会審議を急いでいるのだという印象が広まって、岸内閣に不利に作用していた。こうした有利な状況を背景に、社会党は強い反対に出たのであった。

　こうした強行採決は、社会党の反対を劇的な形で示すことになった。それとともに、与党が警官隊を導入して自己の意思を通したため、与党の強引さが示されることになった。当然、新聞はこの異常な事態を大きく取り上げた。昭和二十九年六月三日の会期延長に際して、新聞はやや自由党に厳しい形で、与野党の双方を戒めた。そして、会期延長だけでなく新日米安保条約の批准までおこなった昭和三十五年五月十九日の強行採決に際しては、与党が激しく攻撃され、やがて未曾有（みぞう）の規模のデモが国会を取り巻いて、「岸反対」の叫び声をあげるようになった。この場合、社会党の行為それ自身は正しいものではなかったが、与党のよりいっそう不当な行為を惹起（じゃっき）することによって、世論に火をつけたのである。もちろん、それまでにも社会党は国会内の審議において奮闘していた。新日米安保条約をめぐる質疑応答は、空前絶後と言えるような内容を持っていた。しかし、それだけでは強力な大衆運動をおこすことはできなかった。悲しいことだが、国会内における質疑応答は、たとえ内容があっても、一般大衆の注意を捉えることにおいては、国会審議の異常化という現象に劣るのである。実際、社会党の妨害と自民党の強行採決がなかったら、安保問題があれほど多くの国民の注意を集めることはなかったであろう。

それ故、社会党の実力による阻止は、「エスカレーションによる阻止」と呼ぶことができる。国内政治においても国際政治においても、弱い立場にある側は、どこまでエスカレートしても自己の利益を守るという意思を表明することによって、相手側を阻止しようとする。その場合、その問題の重要性が基本原則に及んでいることが強調される。たとえば、新日米安保条約について言えば、それは平和と民主主義に関するものだから、通常の議事規則を破っても阻止するだけの重要性があると、社会党は主張する。そして、強い立場にある側も、よほどの確信がなければこの「エスカレーションによる阻止」を乗りこえることができないのである。

強行採決になる第二の案件は、それほど重要でないものであって、そのため、強行採決は与野党間の真実の対決というよりも、芝居またはゲームに近いものとなる。昭和四十二年問題になった健康保険特例法案は、その典型的なものであったと思われるが、最近ではこの種のものが多い。ひとつには、安保反対デモによって倒れた岸信介に池田勇人が代って以来、野党との正面的対立が不可避であるような案件はできるだけ差し控えるという政策がとられるようになった。そこで、与野党がその全存在を賭けて戦うようなものは少なくなった。しかし、与野党の間の見解が相当くいちがうような案件はなくならない。ところが、そのような場合には、与野党とも雑多な構成員をかかえる勢力であるため、ひとつの案件に対する反応について党内が割れることが出てくる。そこで、一枚岩同士の勢力がぶつかるのではなくて、党内の異なった意見をまとめながら戦うことが必要になるのである。

この場合、強い対決色を出そうとするのは自民党の右派と社会党の左派であると一応言うことができるが、それとともに、問題の法案と関係のある圧力団体とのつながりが重要である。また、与野党ともに、その内部における主流、反主流の区別も無視できない。だいたいのところ、主流派は妥協することを欲するが、これに対して反主流派は突き上げによって混乱を招き、主流派に責任をとらせようとする傾向がある。たとえば、昭和三十六年六月に混乱をまきおこした政治的暴力行為防止法案の審議に際して、自民党内の反主流派は強行突破を主張、その混乱と法案不成立を理由に池田の地位をゆさぶろうとしたと言われる（伊藤昌哉『池田勇人その生と死』一一八―一二〇頁）。さらに、若手議員も、党内でのイデオロギー的立場を超えて、突き上げに廻る傾向を持っている。社会党の若手議員は国会審議の尖兵として酷使されているし、自民党の若手議員は質問もしないのに定足数を満たすために委員席に坐るという役割を引き受けさせられる。だまって長時間坐っているのは大変な辛抱を必要とするし、また、尖兵となる社会党議員は利用されているという感じを持つ。それに、彼らは議員になったばかりで正義感も強いので、妥協を激しく攻撃する。

こうして党内の突き上げがあるため、執行部は妥協を欲していても、党内をまとめることが難しい。与党の執行部は野党に審議をつくさせるまで待つことができないし、野党の執行部は法案の成立を認めることができない。そこで強行採決という手段が使われることになる。その行為によって、与党の執行部は野党に引きずられなかったことを示し、野党の執行部は徹底抗戦をおこなったが与党の「多数の暴力」に押し切られたことを示すのである。しかしこうした場合、実は与野党の間に、明確な合意または暗黙の合意があることが多い。すなわち、お互いに徹底的に戦っているような形をとるが、法案をどのような形で成立させるかは、相談の上であらかじめ決められているのである。強行採決—牛歩戦術—議長斡旋というようなシナリオがはじめから書かれている。それ故、この種の強行採決は見かけは勇しいが、両方とも本気ではないので、芝居またはプロレスに似ている。

もちろん、すべての強行採決を二種類に分けることはできない。一方では相手と妥協の構えを示しながら、他方では相手を出し抜くために策略がめぐらされる。そこで、国会審議は、双方が強行採決の可能性を考慮しながらおこなうゲームのような色彩を帯びるようになる。この傾向は日韓国会のあたりから目立ってきたことで、社会党はただ引き延ばしを狙って、審議に入る前に二週間近い空転状態を作り出したし、自民党は野党にはほとんど審議させずに、虚を衝いて採決してしまった。実際、警官を入れて社会党の実力行使を排除することなしに採決できるよう、自民党が編み出した戦術は驚異に値する。相手の裏をかいて抜き打ち的に採決する。その場合、社会党が牛歩戦術に訴えた場合の日数は前もって計算しておく。議長や委員長がカン詰にならないようにするためだけにでも、実に多くの方法が練られる。こうして、審議とは離れて、強行採決をめぐる数多くの戦術が発達した。

そして、こうした場合の党の内外の説得にはカネも使われるようになったと言われる。たとえば、『朝日新聞』が昭和四十一年十月二十九日の特集で明らかにしたように、「委員会の強行採決とか、与野党の話合いがまとまるといった国会審議のヤマ場の前後には、自民党の国会対策費が、きまってといってよいほどドカッと支出される」のである。そのカネが何に使用されるのかはもちろんわからないが、与党議員への論功行賞、野党との取引代に使われているというのが、今では公然の秘密のようになっている。健保特例法をめぐる審議についてもそうした取引があり、社会党若手議員が議長の斡旋を呑んだ執行部に反撥したのには、それへの反感があったという。

イデオロギーと組織の相違

明らかに、以上の分析は日本の恐るべき現状を示している。外交、治安、教育という、もっとも重要な問題について、自民党と社会党の見解が妥協の余地がないほど対立し合っているとともに、その相違が比較的小さくしたがって妥協可能な問題についてさえ、党内事情から強行採決をしなくてはならないというのは、討論と説得を原則とする議会民主主義が満足に機能していないことを示すものにほかならないからである。

しかしこの状況は、ただ単に議員たちに良識を呼びかけたり、国民に立ち上ることを求めたりすることによって、解決されるものではないことも同様に明白である。基本的な問題について与野党が対立している以上、ときとして議会での激突が起こるのは避けられない。とくに社会党は、それらの問題について妥協的になれば、票を失うかも知れない。与野党の支持者のなかには、それぞれ相手の主張を完全な誤りとみなしている者が少なくないのである。これに対して、強行採決の第二の場合、すなわち、党内事情によって強行採決がおこなわれる場合は、それを避けることが可能であるように思われる。しかしこの場合でも、下手に妥協すれば党の執行部が失脚することもあるのである。

こうして、強行採決を避けることは両当事者にとって難しい。それは日本の政治の体質のなかに深く根ざしているのである。それに決定の難しさは国会において存在するだけでなく、他の箇所においても存在することが忘れられてはならないだろう。会社、労組、大学、これらすべての場所において強行採決に類似する現象、たとえば徹夜の交渉とか、それを裏返しにしたものとしての行き詰り状況などが存在するのである。つまり、強行採決は日本そのもののなかに根ざしているのである。その根を探り当てなくては、強行採決に対する批判は表面的な常識論になってしまう。

おそらく、もっとも普通の答は、資本主義（自由主義）対社会主義、保守対革新という、与野党のイデオロギー的な対立にその原因を求めるものであろう。たしかに、それは外交政策をめぐる対立の原因となっている。社会党は非武装中立を、自民党は日米安保体制を主張して譲らないが、それは、自民党がアメリカを信頼しうる友邦と考えるのに対し、社会党は資本主義を戦争勢力、社会主義を平和勢力と考えているからである。この対立原因は、自民党と社会党によって自覚されてきた。日韓条約批准に際して議長をつとめた船田中（ふなだあたる）は述べている。

「一体、どうして斯くも国会正常化が実現しないのであろうか。……私なりの判断を下せば、戦前における与野党の違いは、具体的の政策の差違にはあっても、大きなイデオロギー、イズムの違いにはなかった。ところが、戦後の各政党間の違いは戦前のような単純なものではない。まったく、根本の世界観、国家観に基因し、イデオロギー、イズムの相違から来る与野党の対立であるから、一旦議場が荒れ出すと、簡単には収まりがつかない」(『自由』昭和四十一年一月号)

同じように、社会党の国会事務局長貴島正道(きじままさみち)も、自民党と社会党の関係を、「イギリスの二つの党やアメリカの二つの党のように、〝二つのエンドウ豆〟といった似た党でなく、国民的な根本利害で対立――いわゆる階級対立――している政党」の間のそれと捉えている。

たしかにイデオロギー的な対立は存在し、それが与野党の激突を生んでいる。そして、政党間にいったんイデオロギー的な対立が存在すると、そのための対立は容易になくならない。なぜなら、政党というものはその勢力の拡大を目指して戦っている集団であり、イデオロギーはその戦闘精神の中核である。政治は議会政治という形でいかに穏和なものとされていても、しかし、その本質には権力を求めての闘争という性格を残している。ツキジデスが描いたギリシア都市国家の党派の争いは、われわれと完全に別の次元のものではないのである。ところが、戦うためには結束が必要であり、軍隊のような規律が求められる。そして、党のイデオロギーは絶対視されなくてはならない。そうでなければ、党員は必死になって戦うことができないのである。大戦間のドイツの価値の対立を自ら体験したカール・マンハイムは次のように書いている。

「知識は新しい事実と正面から取り組むためには、つねにその実験的性格を保持していなくてはならないのに、政治的態度によって支配される思考法はたえず新しい実験に自らを委ねるわけにはいかない。政党は、それが組織されているというまさにその事実ゆえに、思考法において柔軟性を維持することもできなければ、その探求から得られた答を承認する体制にもない。構造的に彼らは法人であり、戦闘組織である。それだけで十分、彼らを教条主義的方向に押しやる力となる」(『イデオロギーとユートピア』三四頁)

こうして、彼らは戦うという必要から頑なになるが、それに加えて、彼らはそれぞれ自らが正しいと思い込むだけの理由を持っている。すなわち、彼らはそれぞれ相当な支持を持っているし、しかもその支持の質が異なるのである。

それは、昭和三十五年の晩春から初夏にかけてのいちじるしい政治的たかまりと、その秋の総選挙の結果から、安保体制について、反対派も賛成派もともに自己の正しさを信じているという状況に端的に現われている。安保体制に反対する人々は、五月から六月にかけてのデモの未曾有のたかまりこそ、安保体制に反対する国民の気持のなによりの証明であったと論ずる。それに対して、安保体制に賛成する人々は、昭和三十五年秋の総選挙において、自民党が前回の五七・八%の得票率とほとんど同一の五七・六%の票を獲得したことをもって、安保体制が支持されたというであろう。たしかに、国民の審判は選挙を通じて下されるという定理から判断するかぎり、自民党は安保反対のデモにもかかわらず、以前と同じように支持され、信任されたことは間違いない。その意味で、「声なき声」は存在するのである。しかし、だからと言って、安保反対のデモが世論をまったく表現していないと言うことはできない。事実は、同じ世論と言っても、デモに表現されるそれと、選挙に表現されるそれとは異なるのである。なぜなら、世論とは元来漠然としたもので、自然に表現されるものではなく、なんらかの意味で作られたものだからである。そのため、それはすべての場合に同じように表現されるのではなく、場合によって強さが異なる。

自民党に対する支持は、議員と官僚制を頂点とする世話役活動を通じて、国民に私的で目に見える利益を与えることによって得られる。だからそれは、選挙では強いが、問題が抽象的なものとなると弱くなる。それに、自民党の支持者たちは保守的な人間であるし、また、熱狂的な支持者ではないから、デモなどに参加することは好まない。したがって、自民党がいかに頑張ってみても、デモに動員できる数は社会党や共産党におよばない。その支持は広汎ではあるが、強くはないのである。

これに対して、社会党はシンボルまたはスローガンによって国民をつかむことでは、自民党よりもはるかに優っている。それはある争点を抽象化し、平和や民主主義の問題とつなぐことによって、多くの支持を得ている。社会党が国会内の行動において、重要問題の審議を根本原則へとエスカレートするのは、国会外における支持の獲得のあり方と密接に結びついているのである。それに野党の支持者たちは、数は少なくとも、自己の立場を強く認識しているし、革新的なスタイルを好むからデモに参加する。したがって、社会党はデモに多くの人間を動員できるのである。

もちろんデモに表現された意見が選挙に表現されたそれよりも、よく国民の意思を表現しているとは言えないにしても、社会党がそれによって自己の立場の支持されていることを感じうることは確かである。

つまり、自民党と社会党のイデオロギー的な対立は、戦闘集団間のグループ・ダイナミックによってたかめられていると同時に、その各々が利益と支持の還流と一般化という異なった方法で支持を獲得していることによっていっそう激しくされている。その状況はバジョットの次の言葉を思い起こさせる。彼はすべての国民に選挙権を与えることに反対して書いた。

「そういう議会は自粛を心得た人物から構成されないことになるのである。選挙地区は、そのあるものは純粋の農村である場合があるし、そこでは牧師と地主がほとんど無制限の力を持つことになるであろう。……これらの地区は、まったく水入らずの〝地主政権〟……というべきものを選出することになるであろう。……また他面においては、かなり多数の選挙区は市邑地区となり、この地区はその市邑の最下級の信、不信を代表する人物を送るであろう。おそらく彼らは二派に分れて、一方は職人階級の純粋の代表者でなくして、労働者の一般階級の代表者と、他方はその階級の口先だけの代表者――これを私は〝居酒屋選出議員〟と呼んでおこう――この二派に分れるであろう。……でき上った新〝議会〟は、都市の最下級から二種類の代表者、農村の最下級から一種類の代表者を以て成り立つことになるであろう。田舎町の純粋の代表者は独自の風格を持ち、州の代表者は別種の風格、ただしその正反対の風格を持つであろう。一方は市邑の職人の先入見を持ち、他方は州の小役人の先入見を持つであろう。各々の階級が独自の用語を使用し、お互いに話が通じないであろう。そこで独り幅を利かす階級は、贈賄収賄の黒幕で選ばれ、その闇取引で蓄め込んだ資本でもって、おそらく一稼ぎするであろう没義道漢（もぎどうかん）の代表となってくるであろう。その議会の議員は、二種類の道義的過激性と、一種類の没義道的過激性を特徴とする議員となる」（傍点筆者）（深瀬基寛訳『英国の国家構造』二〇四―二〇五頁）

原点の不在と排他的思考の危険

イデオロギーの対立は、つねに相容れないほどの対立を生み出すとは限っていない。イギリスや西ドイツにおいて、与野党のイデオロギー的対立は徐々に克服された。また、政党を基礎とする議会民主主義も、マンハイムやバジョットの指摘した危険がかならず現実化するとは決っていない。選挙民が相当な良識を発揮し、自分の利益を代表してくれる没義道漢ではなくて、自粛を心得た人間を選出することも珍しくないのである。これらの欠点が現実化するには、それを現出させる理由がなくてはならない。

その第一の理由は、日本の政治における原点の不在に求められるであろう。日本の議会政治における与野党の対立は、しばしば民主主義や平和という根本原則にまでエスカレートすることによって、完全な行き詰り状況を呈する。しかし、政治の世界で、そのようなエスカレーションはつねに起こるとは限らない。多くの場合、人々は問題を実際的に解決することを欲し、したがって問題をひとつずつ解決することを選ぶ。根本原則にまでエスカレートすることが有効なのは、根本原則が現在における現実の問題であるときに限られるのである。現在の日本について言えば、民主主義についての共感がないからこそ、民主主義の危機について語ることが有効になるのだ。

日本は敗戦後、国家の根本原則を自らの手で決定しなかった。その事実がわれわれの政治から、原点、すなわち何人（なんぴと）も認めざるをえない原則を不在にさせているのである。具体的に言えば、日本国憲法は憲法に必要な権威を持っていないし、そのために与野党は基本原則について、お互いに強い不信感を持つことになっているのである。この場合、私は日本国憲法が多数の支持を得なかったということを言っているのではない。それは妥当な憲法で、多数の支持を得た。しかし、それは極端な反対派を撃破して作られたものではなかった。極端な反対派は占領軍によって黙らされていた。

もっとも、憲法というものは、完全な発言の自由の下に作られたことはかつてなかった。それは神から与えられるか、欽定憲法であるか、それとも革命後に作られ、自由な議論はあまりおこなわれなかった。幾何において公理が証明不能であるように、政治においても、根本原理は選択の問題で、討論の対象とはならない。そして、このことから政治における暴力の問題が現われるのである。ハンナ・アレントは書いている。

「始まりの問題が革命の現象に関係があるのは明白である。始まりが暴力と密接に関係していることは、聖書や古代の物語が伝えるわれわれの歴史の伝説的な始まりによって証明されている。カインはアベルを切った。ロムルスはレムスを切った。暴力は始まりであり、それ故に、暴力を用いることなしに始まりはありえない」（『革命論』一一〇頁）

すべての憲法は、反対派を鎮圧して作られた。そして不思議なことに、暴力による鎮圧が憲法に権威を与えることになったのである。しかしこの事実故に、だれが反対派を鎮圧したかが決定的な重要性を持ってくるのだ。日本国憲法が反対派を沈黙させて作られたのは異常ではない。しかし、沈黙させたのが日本人ではなくて占領軍であったことは、まったく異常なことであったのである。そのため、憲法には権威が与えられなかった。

しかも、この戦後の政治体制の改革は、それを与党がサボタージュしようとし、野党がそれを歓迎し、そして占領軍の圧力のなかでおこなわれた。やがて、憲法によって統治する与党は、「押しつけ論」を展開して憲法の権威を疑った。これに対して、社会党を初めとする野党は、与党の「復古的」傾向を警戒し、民主主義は現実に存在するものというよりはこれから達成されるべき課題と考えた。こうして、現存する制度を運営している政党がその実情と原則について、それぞれ異なる見解を持つようになったのである。同じ民主主義という言葉を語っていても、自民党はその機構的側面を、社会党はその精神を強調するという状況が生まれた。こうして歴史的理由から生まれた相違は、両党の考え方と関連し、それによって強められている。とくに問題なのは、彼らの考え方の閉鎖性である。彼らは意見の対立を異常なものと考え、それを調和させようとするのではなく、切り捨てようとする。

自民党の考えは、よく言われるように、政治を行政に還元するものである。すなわち、彼らは既存の秩序のなかですべての問題を処理しようとし、それからはみ出すものは、異常なものとして切り捨てようとするか、あるいはまったく規則とは無関係に便宜主義によって解決しようとする。カール・マンハイムはこうした考え方を官僚的保守主義と呼んだが、日本の保守党の態度はまさにその範疇に属するのである。日本において官僚制が強く、しかもその伝統を体現するのが保守党であることを考えると、それは当然のことであろう。そして、マンハイムによれば、この行政的、法律的精神は、それ独自の合理性を持っている。

「それまで見られなかった力の行使、たとえば集団的な力が革命となって現われたとき、彼らはそれを一時的な異常とみなすだけである。それ故、すべての革命において、官僚制が政治的情勢を政治的情勢として対処するかわりに、恣意的な命令によって解決策を見出そうとするのは不思議ではない」（『イデオロギーとユートピア』一〇五頁）。

この言葉において、「革命」という言葉を「社会党の実力行使」と換えれば、それはそのまま自民党の強行採決を説明している。すなわち、議場内での坐り込みによって案件の成立を阻止しようとする規則外の行為が現われたとき、彼らは社会党にその異常な行為をおこなわせている力が何であるかを読みとり、そうした状況をなくするという根本的な努力をする代りに、既存の規則をふりまわして問題を解決しようとするのである。彼らは、「すべての合理的な秩序は社会的に相争う力が調和されている多くの形式のうちのひとつであることを理解しない」（傍点著者）（前掲書、一〇五頁）。

この場合、保守党および官僚制は反対勢力の主張のなかから魅力的なものをとり出し、採用することにかけては、まことに秀れた能力を持って来た。だからこそ、彼らは長きにわたって政権を保持しつづけることができたのである。しかし、彼らは野党の主張を一方的に取り入れることはあっても、それを議場でしようとはしなかった。たとえ結論には野党の主張が入っていても、その法案の署名は与党だけのことが多かった。それは法案の権威を弱めた。

これに対して、社会党の考え方は民衆主義（ポピュリズム）とでも呼ぶことができるであろう。彼らは漠然とした大衆に信念を置いており、自分たちこそ、それを代表していると確信している。それは彼らの発言によく現われているが、とくに、事あるごとに国会解散を叫ぶことに象徴されている。そうしたとき、彼らはつねに、主権者である国民のレベルにまで政治を復帰させることを主張する。逆に、彼らは現実の国会に対して不信の気持を持っている。そのことは、われわれは政治的に自由だと思っているかも知れないが、それは投票の瞬間だけであって、あとは奴隷となるというルソーの言葉が、議会民主主義に内在する欠陥としてきまり文句のように引用されることによく現われている。

そしてこの民衆主義は、社会党のイデオロギーに含まれている階級対立の理論と矛盾しながら、それと結びついて好ましくない効果を生み出す。もし、階級対立が現実に存在するなら、一体としての大衆もありえない。その場合、階級対立とは大多数を占める国民と少数の独占資本の対立となる。しかし、現実には独占資本を代表する自民党は多数を得、人民を代表する社会党は多数を得ていない。それは明らかにおかしく、したがって理論的に説明されなくてはならない。不正な選挙という説明が現われてくるのはこうしてである。彼らは選挙に現われた自民党の多数に対して十分な尊敬を払わない。つまり、彼らもまた、その理論構造において反対勢力を切り捨てる傾向を持っているのである。

自民党も社会党も、その基本的哲学において一元的であり、異なった要素との共存を認めないものを持っている。それだからこそ、党内において妥協を排し、対決を説くものが勝を占めるのである。それだからこそ、一方では「絶対廃案」が叫ばれ、他方では「強行採決」がおこなわれる。

こうした状況の危険性は、だれの目にも明らかである。一方では国民の議会への不信感が徐々にたかまってゆくだろう。すでに、健康保険特例法をめぐる国会の混乱に際して、マスコミはこれまでのような憤りではなく、嘲笑を表明するようになった。それは自然の成行きであり、ある意味ではよいことである。議会民主主義はうまくゆくと決っている保証書付きの機械ではないことが認識されることは、議会政治成立の一つの条件だからである。やがて人々は混乱のなかから秩序をもたらす方法を学ぶかも知れない。それを念頭におきながら、与党としては、たとえ案件が成立しなくても、十分に時間をかけることによって、野党の徹底反対の帰結を国民に知らせて、その判断を待つのがよいと言えるかも知れない。

しかし、現在の日本は急速に変化しつつある。なさるべきことはあまりにも多い。それ故、国会が混乱して審議が進行しないならば、実際上の不便がおこってくる。強行採決をしなければ手詰り状態となるということになるだろう。そのような状態を頭に描くことは決して難しいことではない。池田勇人は経済中心主義を成功させることによって、経済中心主義の時代を終わらせた。すなわち、ただ経済発展を図るのではなくて、富をいかに国民の福祉につなぐかが問題として現われるようになった。ギャルブレイスの公式を借りるならば、日本においてもまた公共部門の拡充が図られなくてはならない。汚れた空、混みすぎの道路、満員電車、大学の困った状況、最近の新聞において問題となっていることはすべて、日本経済の公共部門の貧しさに原因するものである。ところが、公共部門を重要視するに当って、有効にカネを使うことが不可欠のこととなってくる。すでにこれまでにも、米価、医療保険などが、そうした問題の存在を示している。

こうした公共部門の重要性が増大するとともに、政治的な意志決定の重要性も増大してくる。私的部門を中心とした経済発展の場合には、政府はあまり大したことはしなくてもよかったし、また、価値の問題を抜きにして、経済的な計量によって問題を解決することができた。しかし、公共部門における優先順位の決定は、価値判断と切り離すことができない。たとえば、教育をいかにするか、研究体制をいかにするかということは、日本の将来を決する重要な問題であるが、その問題は価値の問題と不可分に結びついている。それ故、国会における与野党の対立は激化するであろうし、それによって手詰り状態が生ずるかも知れない。

そして、このようにして一方においては国民が国会に不信感を持ち、他方においては国会が手詰り状態に陥って国政が停滞したとき、ナチズムを生み出した「決定主義」のようなものが現われる可能性が出てくるのである。人々が永遠につづくように思われる馬鹿げた混乱を、ひと思いに解決してしまおうとするからである。

言葉の復活

それではどうすればよいのか。この場合、与野党のいずれを非難するにせよ、強行採決を非難するだけでは、問題は解決しないことは明白である。強行採決は、与野党間の言葉によるコミュニケーションの失敗から起こるものであり、それ故、ある意味では、異常な形ではあるが、コミュニケーションの代替作用を果しているからである。ある場合には、それは野党が絶対反対を表明する手段となっている。それに対して、馴合いの強行採決は不必要でもあり、馬鹿げたものでもあるように思われるけれども、同様の現象は社会のその他の部門にも広く見られるのである。たとえば、労資の徹夜交渉はそのよい例である。それは言葉が健全に機能しているところでは不必要で、愚かなことであるだろうが、しかし現在の日本において、徹夜の交渉のような手段の助けを借りなければコミュニケーションが成立しないのは、悲しいながら現実なのである。議会においても、強行採決はコミュニケーションの異常な一手段となっているのだから、それを除去してコミュニケーションをなくすよりも、たとえ異常な手段によってもコミュニケーションが保たれている方がよいとさえ言えるであろう。

すなわち、現在の日本の社会において、言葉の機能は相当程度失われている。強行採決は社会全体に通用する言葉が存在しないことの現われなのであり、したがって、言葉の機能が復活しない限り、強行採決の問題は解決しないのである。そして、その理由は深く、かつ入りくんでいる。政治の分野に限っても、イデオロギー的対立と原点の不在という事実が、組織の属性、とくに日本における組織の排他的性格と相互に強め合って、共通の言葉の存在を難しくしているのである。この状況を変えて、言葉を復活させることが強行採決という異常な定例に対するわれわれの態度でなくてはならない。とはいえ、それは困難な課題であり、ひとつの決め手といったようなものは存在しない。たとえば、ひとつの方法として組織の排他性に着目し、それを除去しようとする試みについて考えてみよう。

それは丸山眞男（まるやままさお）の主張のひとつとなってきた。実際、日本の社会において言葉が狭い流通性しか持っていないことは、彼の最大の懸念のひとつと言えるかも知れない。彼は日本文化のタコツボ的性格を指摘した講演、「思想のあり方」のなかで、タコツボ化した組織においては言葉が隠語化して、異なった組織の間のコミュニケーションが困難となることを注意した。そして、「組織のなかで通用している言葉が……組織の外でどれだけ通用するかということについての反省が欠けがちになる」ことを批判し、そうした状況において革新勢力のリーダーシップは「階級的な同一性に立った組織化と同時に、それと違った次元に立ったいろいろな組織化の方法をできるだけ多く組み合わせて積み上げていかざるをえない」と主張した。それは「単にマテリアルに力を強くするためだけではなしに、一つの組織の思考法が固定し、沈澱するのを防ぎ、いろいろなイメージを合成しながら、もっとも流通度の高い言葉を見出してゆくためにも必要」(傍点著者)であると考えられたのである。

たしかに、それはひとつの有効な方法である。積み上げるべき組織が多様であることは、組織の排他性を減じ、話される言葉の流通性をたかめる効果を持っている。さまざまな次元に立った組織、たとえば主婦、母親、青年などの次元に立った組織は別々の言葉を話すから、そのなかのひとつの次元の言葉に頼るならば、組織を積み上げることはできない。異なった言葉との出会いは、自己の言葉の流通性を反省させ、それ故に、流通性をたかめる。

しかし、われわれはその逆の事情も存在することを忘れてはならない。異なった集団を連帯させるためには、共通の言葉やシンボルが必要である。それを作りがたい場合には、無理にでも作り出されなくてはならない。なぜなら、社会学が教えてくれているように、それがなくては団体の間の連帯が成立しないからである。しかし、不幸なことに、多様な集団をまとめるためにもっとも容易な方法は、共通の敵を作り上げることである。すなわち、自民党においては社会党に対して、社会党においては自民党に対して、対決色を打ち出す方がその傘下の多様な組織をまとめやすい。とくに、自民党も社会党も、そのイデオロギーにおいて相手を平等な競争者と認めないものを持っているから、いっそうこの事情は妥当する。それ故、主婦、母親、青年などの集団を連帯させる機能を果す言葉は、その相互間においては流通性が高くても、より広い視点から見れば、すなわち、その連帯組織に対立する団体との関係においては流通性が低いということになってしまうのである。

そこで、逆の方向から、すなわち対立する集団が出会い、討議する国会において、言葉の流通性をたかめることを考えてみよう。それは今まであまり論じられてこなかったことだが、しかし、この方向においてなされなくてはならないことは多く、なされうることは少なくない。たとえば現在の国会では与野党の間の議論はほとんどおこなわれていない。法律案は政府によって提出され、野党委員が質問して政府委員がこれに答える。与党の委員たちは定足数を満たす必要上、当番制で出席するだけで、時間を節約するため質問はしない。そこで、野党側は重箱の隅をほじくるような質問をおこない、政府委員がこれに対して丁重に、しかし多少相手をはぐらかすような答弁をするだけで、与野党間の正面きっての応酬はおこなわれない。できるだけ野党に追及されないように質疑応答をおこない、そして予定通りに可決するというのが与党の行動様式である。

もっとも、野党の徹底的抵抗は与党にとって困ることなので、与党はまるで妥協しないわけではない。Aという法案を通す代りにBという法案を廃案にすることは、どの国会でも必ずおこなわれるし、法案の内容が相当大きく修正されることもある。しかし、それは審議を通じておこなわれるというよりも、審議の外で、すなわち裏で取引される。だから、議会は平常においても、すでに言論の府ではなくなっているのである。こうした状態を廃して、与野党の論議の応酬が可能となるように、議事規則を変えることが、真剣に考慮されなくてはならない。

もちろん、現在の社会は複雑だから、提出される法律案は多数で、しかも専門的な知識がなければわからない。一応の常識を持った人ならすべての法律案を議論することができた十九世紀の状況と、今日のそれが異なることは、だれの目にも明らかである。それ故、すべての問題について与野党の直接の応酬（おうしゅう）をおこなうことは不可能であろう。しかし、いわゆる重要法案について、それをおこなうことはできるように思われる。すべての法案を同じ方法で審議する必要はないのだから、簡単に可決できるものは簡単に可決するようにして時間を節約し、二、三の案件について論戦がおこなわれるようにしてもよい。少なくとも、国会の議事規則を真剣に再検討することは必要である。それは議会民主主義の発達という見地から見て、選挙法や政治資金の問題と、少なくとも同じくらい重要な問題なのであり、それを検討する委員会の設置が強く望まれる。

しかし、この方向からの試みが成功する可能性も決して多くはない。すでに、昭和四十二年九月半ばに自民党が示唆したところから判断する限り、自民党はボタン押し議決など、議案がより円滑に通過することだけを考えていて、審議の実質を改善することについては何も考えていない。したがって、それは他の政党の激しい反対にあうだろうし、もし、自民党の欲する通りになったとしても、それは国会を自動登録機にするだけで、言葉の復活には役立たないであろう。

なんと言っても、自民党が社会党を、審議のうえでよりよい政策を生み出すパートナーと考えておらず、まして、政権を授受しうる相手と考えていないことが問題となってくる。しかし、これに対して自民党は社会党のイデオロギーに言及し、社会党は審議よりも妨害を考えており、そして、社会党に政権を担当する能力がないと反論するであろう。おそらく社会党がその主張をそのまま実行に移すならば、議会民主主義の否定になるという恐れが表明されるであろう。しかし、社会党もまた、自民党が議会民主主義を守っていないと主張するであろう。実際、そのような意味の言葉はこれまでくり返して語られてきた。

こうして、われわれは原点の不在という岩にぶつかることになる。それぞれが民主主義について異なった考えを抱いていて、現在の体制をその全体において守るに値するものと考えてはいない。国会について言えば、自民党はそれを能率の悪い法案通過装置としてしか見ていないし、社会党は利用すべき反対の場としてしか見ていない。もちろん、理論的にはこうした両党の考え方を批判することは可能である。たとえば私は、両党が現在の体制に負うところがいかに多いかを指摘してこう言いたい。

自民党は「押しつけ憲法」について語り、その改正を示唆した。しかし、その憲法こそ彼らの統治に根拠を与えたのではなかったか。その改正を口にすることによって、彼らは自己の立脚しているところをゆさぶっているのである。また、議事規則の改正に関する彼らの態度については、なぜ彼らは能率をよくすることだけを考え、議事規則を頭のなかで作り上げようとするかということが問題になる。自民党は保守党ではないのか。保守党であるならば、混乱に満ちてはいたが二十年間ともかくも機能してきた国会の慣行を重んじ、それを規則にしてゆくようにするべきではないだろうか。保守党とは慣行を重んずるものなのである。また、慣行を形成するように行為するものなのである。

社会党は、ときとして自民党の支配をファシズムと呼び、現在の日本に民主主義は存在しないと言う。とくに、彼らのイデオロギーにそのことは含意されている。しかし、それが真実ならば、社会党は存在しうるであろうか。また、日本に民主主義が存在せず、これから作られるべきものならば、その目的を議会を通じて達成することができるだろうか。もちろん、日本の民主主義は不完全なものであり、それはときとして危機に立つであろう。しかし、そのことと民主主義が現在存在しないということとはまったく異なった帰結を持つのである。

いったい、「押しつけ憲法=改正」論にせよ、ファシズム論にせよ、彼らはそれを真実に信じて語っているのであろうか。もしそうなら、彼らは現在よりもはるかに過激な行動をとらなくてはならないはずである。どうも私には、彼らの過激な言葉はスローガンに過ぎないのであり、実体を欠くものとしか思われない。彼らは空虚な過激な言葉を用いているのである。それをやめて、真実に信じていることとしか話さないことが必要であり、それは言葉の復活の第一歩となるであろう。しかし、現在の両党の体質から見て、空虚ではあるが激しい言葉を使う方が、両党内部で有利であることは、冷たく、悲しい現実である。つまり、われわれは思考法と組織の二重の壁に囲まれていて、どちらから攻撃しても、必ず行き詰る。言葉の喪失という病いの根は深く、入りくんでいる。言葉の流通性の狭さと、そうした言葉を使う組織の間の悪循環が、われわれの前に立ちはだかっていて、ゴルドスの結目のようにわれわれを悩ましている。そして、実世界において、ゴルドスの結目を断つような方法はだいたい成功しない。われわれにできるのは、そうした悪循環を各所で攻撃する、平凡な努力だけである。

この努力は広汎なものでなくてはならない。たとえば報道機関は、国会の審議において言葉を復活させる上で大きな責任を持っている。国会審議を興味深く伝えるのは報道機関の任務だからである。ところが、現在の日本の新聞は、中立を理由として、国会審議をきわめて機械的に報道するだけである。議論の概要しか掲載されないから、立派な議論も陳腐な議論も国民には区別がつかない。また、国会の審議についての解説や論説はほとんど掲載されない。したがって、国会議員の平常の行動を国民が評価することはできないのである。これに対して、国会の異常はきわめて大きく取り上げられる。少々極論すれば、立派な演説をして反対を明らかにするよりも、坐り込みによって反対を明らかにする方が、はるかに有効であるということになってしまうのである。日本の報道機関は議会民主主義を育てるための不断の努力は怠りながら、危機に際してだけ雄々しく叫ぶことになっているのである。そして、議会における混乱に際して主張されて来たのは、問題を国民のレベルに戻すという議論であった。しかし、それは部分的な答にしかならない。多数の意思表示が、いかに頼りにならないかは政治学の常識である。議会民主主義の批判者であったルソーの言葉は、しばしばきまり文句のように引用されるけれども、そのルソーが、人民のなしうる判断は「諾」「否」のそれだけであると述べていることは注目に値する。だいたいのところ、大衆の世論は、政府の不快な行為を否定するときには正しいけれども、それ以上の積極的意味を与えることはできない。大切なのは議会の審議を育てる不断の努力であり、その点で報道機関がこれまでに果してきた役割は十分ではなかった。

その他にもなすべきことはいくらもあるであろう。要するに、強行採決の問題は議員たちを責めているだけでは済まないのである。言葉がその機能を停止し、なんらかの異常な手段によらなくてはコミュニケーションが成立しないという事実は、政治に限らず、あらゆる分野に見られる。それはまた、きわめて由々しいことである。コミュニケーションの障害の存在は、日本がバラバラの存在であることを意味するからである。しかも、それは容易に矯正しがたい。言葉の機能停止の原因は深く、しかも入りくんでいるからである。まことに、状況は暗いものがある。

しいて希望を求めるとすれば、それは逆説的だが日本の社会の流動性と不安定性のなかに求めるしかないであろう。高度工業化の結果、日本の社会は複雑となり、その価値は多元的なものとなった。しかも、変化は今なお続いていて、その変化の行先はだれにもわからない。政治の世界では自民党の支配が崩れ去りつつあるのに、それに代るものはわからない。社会全般についていえば、「戦前派」は次第に姿を消して、大正生まれの人々が実権を持つようになり、そして「戦後派」の比重がきわめて増大している。こうした世代間のバランスの変化は、日本を大きく変えるであろう。経済の分野を見れば、戦争直後は半分近くもあった農業人口が今では四分の一となったし、前例のない経済発展が起こっている。その経済発展は富を増大させると同時に、煙、汚水などさまざまな汚物で人々を悩ますようになった。つまり、われわれは貧しさが問題であった社会と別れを告げつつあるが、これからどのような社会を迎えようとしているのかまだわからない。われわれは捉えどころのない時代に住んでいるのである。だから、われわれは不安である。

しかし、その反面、こうした状況はステロタイプ化した実質のない言葉と訣別する絶好の機会でもある。その意味で、われわれが必要としているのは思いきった実際的な見かたであろう。すなわち、われわれの社会において、現実になにが問題であるかを探し出し、それをいかに解決するかに努力を集中することである。そして、実際の成果によってその成否を判断することである。少なくともそれは、不毛の対立を緩和するだろう。なぜなら、「観念は飛躍するが、現実は飛躍しない」人間の世界では、具体的な問題をひとつひとつ解決してゆくうちに、「基本的対立」と叫ばれているものがいつのまにか存在しなくなってしまうということが、ときとして起るのである。

さきに私は、現在の日本がさまざまな問題をかかえていることを指摘し、それが解決されずに手詰り状況になった場合の危険を注意した。しかし、見方を変えれば、さまざまな問題の存在は、日本の政治における不毛の対立を解く機会とすることもできるのである。なぜなら現実の課題を解決してゆくうちに、日本の政治が変化してゆくこともありうる。つまり、われわれの行手には危険とともに機会が存在している。しかし、それが危機という言葉の元来意味するところのものなのである。

（昭和四十二年九月執筆）

Ⅲ　大衆民主主義と世論形成

新聞の大きな力と小さな結果

「マッチ・ポンプ」――少々卑俗な言葉だが、国民の多くが日本の新聞に対していだいている気持をよく表わしているし、その実情を鋭くついている。たしかに、日本のマスコミは人を興奮させ、悲しませ、憤らせる大きな力を持っている。しかし、それが生み出す強い感情的たかまりにもかかわらず、その結果、それが実際にどの程度有効な影響力を持っているかは疑わしいからである。そしてそれは、漠然として捉え難い大衆民主主義社会の世論と表裏一体の関係にある。

たとえば、昭和三十五年の反安保＝反岸デモを例にとろう。昭和三十五年の五月、新聞は安保条約の強行採決に対して批判的な立場をとり、その後の反対運動に大きなスペースを割いた。岸内閣の強行採決の非民主主義的性格が強調され、それに反対するデモのたかまりが大きく報道され、警察によるデモの規制の暴力的側面が暴露された。そしてそれは、デモに賛成する人々から見れば、民衆の世論を代表すべき新聞の正しい姿であった。逆にデモに反対する人々は、新聞報道を煽動的と考え、デモ隊の暴力的側面を報道しない一面的なものとして批判した。

やがて、デモが未曾有の規模に達し、なんらかの波乱が予想されるようにさえなると、新聞は突如として編集方針を変え、共同宣言を発表して、人々に冷静さを取り戻すことを訴えた。この新聞の変化は、岸首相の辞任、安保条約の自動的批准などの政治的事件と相まって、デモを急速に尻すぼみにさせたのである。これに対して、今度はデモの賛成者たちが新聞の背信をなじり、デモの反対者たちは新聞が良識を取り戻したことをよろこんだ。

この一連の事件の展開は新聞に対する矛盾した奇妙な気持を人々にいだかせることになった。一方では、人々はすべて、新聞の持つ力の大きさをまざまざと認識させられた。その評価こそ違え、保守派も革新派も、デモの盛り上りとその急速な終わりとの理由を、ともに新聞に求めたのである。しかしそれと同時に、人々は新聞に対する漠然とした不満をいだくようになった。革新派の人々は、新聞の政府批判の効果を高く評価し、新聞が「裏切」らなければ安保闘争はより大きな成果をもたらしたであろうと考え、新聞の「裏切り」に強い不信感をぶちまけた。これに対して、保守派の人々は新聞の煽動がデモを生んだと考え、これを批判した。しかしちょっと考えればわかるように、両者のマスコミへの不満はそれぞれ自分の勝手な立場から出ている。だからそうした不満はあまり重要視しなくてもよいという議論も可能である。それぞれある意味では新聞を初めとするマスコミの力を過大評価し、ある意味では過小評価している。

しかし、人々の不満はやはり日本のマスコミの欠点に触れている。たしかにそれは、人々の感情を激しくかき立てるけれども、実際に効果をもたらす影響力は大きくない。しかも、それは政治的な問題についてだけではない。炭鉱事故にせよ、交通事故にせよ、不幸な事故が起こったとき、新聞は一面を大きく割いてこれを報道する。事故の悲惨さが報道され、遺族の悲しみと怒りが描かれる。しかし、第一日に悲しみがかき立てられ、第二日に怒りがかき立てられたあとで、災害記事は次第に小さくなって、やがて姿を消し、災害を再発させないためにいかなる措置がとられたかということは、ほとんど報道されないのがつねなのである。おびただしい量の涙が流され、得体の知れぬ不安と怒りがかき立てられるのに、それとはまったく不釣合に、結果らしい結果は得られない。それは日本の新聞の基本的な特徴である。そして、人々が漠然と感じている新聞への不満の根源はここにあるのだ。

そうなるのは決して不思議ではない。なぜなら新聞の作り出す感情のたかまりは、意識的なものではないからである。さきにあげた二つの例を初めとして、新聞の大きなキャンペーンは、ある事件をその現場から報道する記者たちの感情的な反応の集積として生み出される。その感情的な反応が大きいときには、それは紙面を埋めつくし、圧倒する。しかし、そこにしっかりした編集方針が確立されているわけではない。したがって当然、新聞は「現場」の支配的雰囲気に支配されて、多かれ少なかれ一面的なものとなる。現場の記者は決して問題を客観的に見ているものではないし、とくに、問題をはらみ、人々の感情に訴えるような事件についてはそうである。問題に対する多面的な検討と、いくつかの視角の紹介ということは、ほとんどおこなわれない。

それ故、報道が大きな流れとなるとともに、その一面性は多くの人の目に明らかになり、批判が出始める。人々は不安を感じるようになる。そこで編集責任者たちは、ブレーキをかけるようになり、それとともに一つのキャンペーンは急速に尻すぼみになるのである。災害記事の場合であれば、記事を取り上げる視角の狭さと感情的な態度から、新聞記事はまもなく行き詰るが、それに意味のある方向転換をおこなわせる編集責任者はいない。当然、災害記事は、その初めの華々しさとは対照的にいつのまにか消えて行くのである。どちらにしても、新聞記事の方向と目的を意識した編集の不在が、新聞の力の有効性を減少させていることは変らない。すなわち、日本の新聞は大きな力を持ってはいるが、それを使う頭脳はきわめて弱いのである。

マスコミについての誤った考え方

しかし、その理由は日本のマスコミ関係者が怠惰であるためでもなければ、無能力であるためでもない。日本のマスコミはもっとも競争の激しいところであるし、新聞記者のなかには、その取材能力において、他の国の記者たちにひけを取らない人も少なくない。彼らの間の競争はきわめて激しい。編集責任者もまた相当な努力をしている。問題は、新聞を初めとするマスコミについて、依然としていだかれている単純で誤った考え方にある。マスコミは社会のなかで正しく位置づけられていない。新聞も社会も大きく変った。しかし新聞のあるべき姿として考えられているものは昔のままなのである。そこに問題がある。

すなわち、新聞は事件を正確に報道し、世論を代表する批判者と考えられて来た。しかし、第一の点はひとまず問題にしないとしても、世論を代表する批判者という言葉は、はたして今日の新聞を適切に導くものであるだろうか。私はそうは思わない。それどころか世論を盲信し、それを神格化する神話の存在こそ、日本の新聞の欠点である有効性の欠如の根本的原因となっているのである。なぜなら、世論とは実際に何であるのかが問題にされたことはない。そして、新聞記者たちは、自分たちが真に世論を伝えているのかを疑ってみたことがない。もちろん、新聞記者たち、とくに現場の人々は、直接に民衆と接触している。彼らが語るところを聞いている。しかし、新聞記者が接触する人々がどれほど代表的な人々であろうか。多くの場合、ニュースになる状況は特殊のものである。したがって、そこで出会う人々もまた、多かれ少なかれ特殊な人々である。さらに、人にはよくしゃべる人もあれば、無口の人もある。ところが、新聞記者が知りうるのは前者なのである。

かつて岸信介は「声なき声」という奇妙な言葉を吐いて、人々のひんしゅくを買った。しかし、少なくとも新聞記者たちはこの言葉から学ばなければならないように思われる。たしかに、新聞記者の取材対象になっていない人の意見というものも存在するのである。それに、岸信介は少なくとも形式的には、選挙という「世論」の表明によって選ばれた人であったのだ。彼もまた、新聞記者たちと同じ程度には「世論」を口にする資格があったのである。

実際、あらゆる人が内容の検討なしに世論という言葉を振りまわす状況を見ると、ウォルター・リップマンが彼の古典的名著『世論』のなかで述べた言葉が思い出される。

「民主主義は世論を神秘にしたてた。民主主義の理念を口にする人々――学生、弁説家、編集者――の傾向は、かつて人々がものごとの方向を決する神秘的な力とみなしたように、世論を見ることである。ほとんどすべての政治理論には、その全盛期に不問に付せられる測りがたい要素がある。運命、守護神、人民の託宣、王権神授等々がそれである。そして、より明らさまな天使や悪や王たちは、民主的思想から姿を消したけれども、なにか人を導く蔭の力の存在を信ずる必要は残っている」(二五五頁)

しかし、こういう形で世論を信ずることは心の安らぎを与えはしても、人々を正しく導きはしない。したがって、世論を「神格化」する新聞記者たちは、世論の正しい理解にもとづいて事実を正確に報道するのではなく、自覚しないほど一般化した思考様式に合わせて事実を見、かつ報道することになってしまう。

戦後の日本において、新聞記者たちを支配して来たこの一般化した思考様式は、まず民衆主義とでも呼ばれうるものを第一の構成要因とする。それは、自分たちが直接に触れている民衆の悲しみや苦しみを報道することの正しさへの信念である。それは世論の神格化のいわば系といってもよいものであり、戦後の草の根民主主義観によって強められた。民主主義は民衆ひとりひとり、草の根から作られなくてはならないという思想が、いかに人々を魅了したかは記憶に新しい。それは平和を語る場合にも現われ、平凡な大衆ひとりひとりの平和への願いが平和を作ることになるという原水禁運動の思想を生んだ。戦後の苦しい経済困難を乗り切るためにも、民衆の総意の結集ということが語られた。そこにはいささか伝統的な要因もあった。それは強大な権力の前の弱い民衆というイメージであり、そのために民衆の悲しみか苦しみを描き、社会悪を暴露することが重要視されたのである。

しかし、草の根民主主義観を構成する二つの要因、民主主義の理念と弱い民衆というイメージとは、矛盾するものを含んでいる。前者は自己の運命を決定する力を持つ民衆を前提としているのに対し、後者にはそのような力はないからである。それ故に、日本の民衆主義的な見方では、民衆が自らの手で何ごとかをおこなうことへのはげましも、提案も、そして批判もなくなってしまった。その代りに、権力を初めとするなにか大きな力への批判だけが残った。「ドブ板が落ちているのは政治が悪いからだ」「河が汚れるのは政治が貧困だからだ」という態度が生まれたのである。

こうして、昔から存在する政治主義が人々の思考法を支配する第二の要因として入ってくる。それは弱い民衆というイメージと対をなす「お上」という考え方に、その起源を持つと言えるであろう。もちろん、日本には福祉国家的な要素が導入され、国民は主権者になった。しかし、福祉国家的要素は国家の力を弱めるのではなくて、かえって強めるものである。それ故に、問題の解決は政治によるという古い態度は、新しい用語法の下で生き長らえることになった。「陳情」が民衆の政治参加の一般的な形式となったのである。

そしてすでに述べたように、新聞の民衆主義的傾向はそれを妨げるよりも、むしろこれを助長するものであった。もちろん、民衆の悲しみと苦しみを伝えて政府を批判するという態度は、それを徹底させれば、政府の打倒、すなわち反体制の立場まで進むことができる。しかし、そこまでの必要を認める人が少なく、その危険を認識する人が多い場合、政府批判はそこまでは進みえない。当然、政府に対する抗議が声高くなされたあとで、ホコを収めるということにならざるをえなかったのである。

しかも、第三の要因として進化主義とでもいうべきものが存在した。すなわち、世界の各国との競争に耐えて生き抜くため、新しい技術を取り入れて日本を変化させて行くことを不可避と考え、かつ望ましいとみなす態度である。それは誤って進歩主義とみなされやすいが、なんのために変化するかという問がなく、したがって向かうべき目的があいまいなのであるから、進化主義と名づけた方がよいだろう。日本人は少なくとも明治以来この原則によって動いて来たし、多くの場合に競争の相手、すなわち模倣のモデルはどこかある外国にあった。最近では、ある外国をモデルとする思想は減ったが、しかし漠然とした進化の思想は依然として強く存在する。実際それは、政治的立場のいかんにかかわらず、広く共有されているし、当然、新聞記者の考え方の基礎にもなっているのである。

ところが、この進化を実現させてきたのは新聞が批判すべき政府であり、同じように強い力を持つ実業家たちであった。その限りにおいてパワーエリートは是認さるべきことをおこなって来たのである。したがって、いかに強い言葉で政府を批判しても、その批判には限度が生まれることになった。もちろん、社会の変化には必ず犠牲者をともなうから、新聞はその問題を取り上げることはできる。しかし、その変化の存在理由を求めることも、まして、それに反対することも容易ではなかった。したがって新聞は、詠嘆することはできても、有効な批判をおこなうことはできなかったのである。

たとえば、オリンピックのための道路造りを例にとろう。そのために、東京のなかで少しではあるが残っていた江戸の面影は、ほぼ完全になくなった。そのことを、新聞や週刊誌は取り上げたけれども、その調子は抗しえない進化の神の所業に対する詠嘆というようなものであった。進化に代るべき可能性は示唆されなかったのである。

こうして新聞は弱い民衆の声を伝えることを自負してきた。しかし、それは世論についての哲学の欠如の故に、民衆の持つ力を引き出すことができなかったのである。すなわち、それは憤慨し、嘆くことはできても、何かあることを有効におこなうことはできなかった。

現代社会における「媒体」

しかし、新聞ははたして、単なる報道者であり、単なる批判者なのだろうか。また、そのようなものでありつづけるべきなのだろうか。この問こそ、いまやもっとも真剣に考えられるべき問なのである。なぜなら、現在の新聞は単なる報道者であり、単なる批判者であるにはあまりにも強力な存在となりすぎた。なるほど、半世紀前にはウォルター・リップマンが書いたように、

「事実を平明に記録し、その成果を客観的に測定することによって、事態に対するわれわれの支配を増大させる」ことが、新聞の使命でありえたであろう。彼は、人間が直接に知りうる範囲だけで生活し、したがって政治もまたその範囲のことを扱っていればよかった時代が終わり、広い、とても直接には知りえない世界を舞台にして政治をおこなわなければならない時代にあって、その著『世論』を書いた。

一人の人間が直接に知りうる範囲は明らかに限られているし、また、単純化された事物のイメージ、すなわちステロタイプによって歪められ、私的な利益によって制約されている。したがって、世論を政治に伝えることが主張される前に、広い世界の私的認識を、いかにして現実的なものにするかが問題にされなくてはならない。つまり、事実の正確な報道をおこなう報道機関の助けを借りることによって初めて、われわれはわれわれの生活とつながってはいるが、われわれが直接に見ることができない世界の現実的な映像を持つことができるのである。ウォルター・リップマンはこのように報道機関の役割をとらえた。

しかし、その後テクノロジーはめざましい進歩をとげた。ラジオができ、写真電送技術が開発され、テレビが生まれた。ニュースはすばやく、そして生き生きとした真実性をともなって報道されることになったのである。その結果、かつては報道の乏しさが問題であったのに、いまではそれが多すぎることが問題となった。かつては事実を事実らしく伝える能力の不足が問題であったのに、いまではこの能力が増大しすぎたため、事実を製造さえできることが問題になった。すなわち、それはニュースを報道するだけでなく、ニュースを製造することができる。また、人々がそれに自己を合致させざるをえないような種々のイメージを作り上げることによって、人々の行動に影響を与えることができるのである。

ウォルター・リップマンが『世論』を書いてから四十年後に、歴史家ダニエル・ブーアスティンは『ザ・イメージ』という書物を書き、そのなかでこの新しい現象を擬似イベントと擬似理想(イメージ)という言葉で説明し、人間が人間の作った幻影のなかで生きることになるという新しい危険を警告した。もちろん、ブーアスティンの書物は、きわめて秀れたものではあるが、抽象化されすぎており、したがって、現代文明の現実よりはその悪しき可能性を描いていると言わなくてはならない。それは事実を描写した書物であるよりはむしろ、警告の書物なのである。

しかし、報道のための技術のいちじるしい発達の結果、インタビューでニュースを引き出したり、ニュースに巧みに加工することによってニュースを作ることができるようになったのは事実である。逆に、人間は報道されやすいような出来事を作って、ニュースにさせることもできる。さらに、ブーアスティンが例としてあげているように、テレビの実況放送は、しばしば実際のできごとよりもはるかに迫真的な印象を与えるものである。彼のあげている例によれば、トルーマンに解任されたマッカーサーがシカゴを訪問したとき、その場に実際にいた人々は実際に何が起こっているかをほとんど見ることができなかったのに、マッカーサーのパレードを追い、その「重要な」出来事に焦点を合わせたテレビを見ていた人々は、劇的な行進の連続を見ているような印象を受けずにはいられなかったのである。同じような経験をした人は日本にも少なくないように思われる。

さらに、テレビや新聞を通じて作り出されるよき家庭、よき父親というイメージが、事実でもなく理想でもないというその性格によって、われわれの生活様式や思考様式に、いかに大きな影響を与えているかも彼の指摘する通りであるように思われる。こうして今日の報道機関は、ニュースによってわれわれの住む世界像を作り上げ、イメージによってわれわれの行動基準を与えるという、まったく大きな力を持つようになったのである。

しかも、報道機関の力はこうして絶対的に強まっただけではない。報道機関を社会全体における影響力の構造という広い視野から見るとき、それが相対的にも力を強めたことがわかる。人は世の中を動かすものは何かという社会の力の構造について考えるとき、依然として、権力者と被支配者という図式で捉えている。新聞が自己の役割を批判者のそれとして描くとき、その基礎になっている力の構造図は、やはりこの権力者と被支配者に二分された社会というものである。

しかし、この構造は私が暴力準備率の低下と呼ぶ現象とともに大きく変った。よく知られているように、権力とは拘束力をともなって人の行動を動かす力のことであり、当然その基礎にはそのウルティマ・ラシオ（最後的な手段）として暴力が存在する。そして、過去においては、権力のなかで暴力が占める比重というものはずいぶん大きかった。権力における実体的な性格は強かったのである。しかし今では、権力のなかの暴力的側面はうしろの方に退いてしまった。暴力が赤裸々な形で行使されることは少なくなった。そして、金という実体の上に貨幣という人工的なものの体系、すなわち信用の体系が作られたのと同じように、暴力という実体の上に人を動かす力の複雑なしくみが作り上げられることになったのである。すなわち、資金によって人を経済的に動かすことや、説得という形で人々の支持を獲得することが、日常的な手段となってきた。そして暴力が実際に使用されることはますます少なくなって来たのである。金保有率が低下したのと同じような意味において、暴力準備率が低下したのである。

もちろん、全体としての権力はいちじるしく増大した。よく言われるように、今日の権力者はかつての独裁者よりもはるかに大きなことをなしとげることができる。しかしそれと同時に、暴力準備率の低下ということもまた、注目しなければならない重要な事実なのである。なぜなら、それは権力者対被支配者という単純な図式を非現実的なものとし、したがって危険なものとしてしまったからである。タルコット・パーソンズの言葉を借りるならば、社会のある一団によって持たれている力を社会の総量から引いたものが、社会のそれ以外の人々によって持たれている力であるという二分法的な思考法は、「力が暴力と等置しうる場合か、より重要なしかたで暴力が力の基礎になっている場合でなければ」妥当しえないのである。だから、現代社会における力の構造を捉えるためには、社会学者富永健一（とみながけんいち）が「現代社会とエリートの問題」（『中央公論』昭和三十九年十月号）や『社会変動の理論』などで試みているように、「他人を動かす力」という、より広範な概念で捉えようるものがどのように絡み合っているかを考えることが必要になってきた。そしてそれは人の行動をうながす「媒体」と言ってもよいが、そのような「媒体」として、われわれは権力による命令、カネ、情報という三つのものを持っているのである。

さきに述べたように、われわれは直接に見たり、経験したりすることができる世界をはるかに越えた、広い、「見えない」社会のなかで生きている。そこで生きるためには、いくつかの媒体が必要なのである。しかし、すべての「媒体」は自己目的化するために危険性を内に含んでいる。だからこそ、「媒体」を必要としないユートピア社会への欲求が次々に生まれたのである。ルソーは人間が自ら知りうる自然の境界のなかで生きることを理想として描いた。マルクスは貨幣という「媒体」の魔性を分析することから始めた。

しかし、すべてのユートピア思想が現実によって裏切られたように、われわれは「媒体」なしに、この巨大で複雑な社会を運営してゆくことはできない。われわれにできることは、この「媒体」を巧みに使うことだけなのである。その知恵は、昔から存在し、ヒュームやモンテスキューが定式化した勢力均衡のそれ以外にはありえない。今日の用語で言えば多元社会にその解決が求められなければならない。

すなわち、権力による命令、カネ、情報という三つの種類の「媒体」が一カ所に集中せずに、散らばり、その間に「安定しながら変化する」均衡を作り上げることが必要なのである。そしてこのことこそ、全体主義社会と民主主義社会を区別するものと考えられる。ふつう考えられているように、民主主義社会とは権力が民衆によって支持されていることをその基本的特徴とするものではない。民衆の支持は全体主義社会の場合にも存在する。ヒトラーも、スターリンも、そして毛沢東も民衆の絶対の支持を得ていた。もちろん、その支持も作り出された擬似支持と呼ぶことはやさしいけれども、しかしその区別は少なくともあいまいである。これに対して、「媒体」を独占するか否かということは、きわめて明確な区別を可能にする。

こう考えてくると、新聞の使命と責任の大きさと困難さは明らかである。新聞が他の権威から独立性を保つことは、社会を多元化し、したがって民主主義的ならしめるために絶対必要な条件である。しかし、そうすることができるためには、新聞は自己を単なる報道者、単なる批判者とする自己欺瞞から目ざめなければならない。なぜなら、新聞は単なる報道者であるには、あまりにも強力になりすぎた。実際、それは「他人を動かす力」、社会生活の「媒体」の製作者なのである。また、その力の大きさと社会における影響力の構造の変化は、新聞が絶対的に独立し、責任を考えずに批判者であることを不可能とした。現代社会において、力は相互につながり依存しながら、しかもなお独立しているのである。だから、少し誇張して言えば、現代社会における新聞の独立のモデルは、藩閥政府と反藩閥を旗印とした日本の新聞の関係よりも、むしろ三権分立制度における三つの構成要因のそれであるとさえ言えるのである。

巨大な社会変化と情報

こうして、現在の日本の新聞にとってなによりも必要なことは、その巨大な力を自覚することである。そして、それはわれわれが、これまでにない大きな変化のなかにあることを考えるとき、いっそう大切であることがわかる。私は初め、日本の新聞を「マッチ・ポンプ」として描き、その現象に対して、人々が二種類の不満を持っていることを指摘して、この論文を始めた。その第一の不満、すなわち新聞が不安を作り出すということはたしかに実在する。新聞はその大きな力を通じて、ある事件を増幅して伝え、とくにその感情的なたかまりを極度のものにすることができるからである。新聞がこの危険にめざめる必要があることは明らかである。

しかし、第二の不満、新聞は結局大したことはおこないえないという失望感もまた見逃しえないものを含んでいる。もちろん、現在の日本の新聞を単に体制―反体制の図式のなかで位置づけ、体制的として批判する議論は正しくないし、私もその誤りを指摘して来た。しかし、この不満感をより広い文脈で、すなわち新聞を初めとするマスコミの有効性の欠如への不満として捉えるならば、それは現在の日本の社会の問題の核心を衝いているのである。

なぜなら、新聞や世論の有効性の欠如は、われわれが現在の日本に対していだいている漠然たる不満感と表裏一体の関係にある。もっともわれわれの漠然たる不満にも根拠がないわけではない。すでにくり返して述べて来たように、日本の社会は戦後の急速な経済発展のために多くの点で調整されなくてはならないようになった。国民総生産という点では、たしかに飛躍的な発展があり、そして全体として見ればわれわれの生活は豊かになったけれども、それは不均衡であり、ある面では生活はより苦しくなっている。今や、社会資本の充実や社会開発など、経済発展を意味のあるしかたで社会とつなげることが必要となったのであり、それがおこなわれていないところにわれわれの不満が生まれるのである。

しかし、その不満は漠然としたものであり、その根源は的確に捉えられてはいない。それには二つの要因が作用している。すなわち、きまり文句と虚像がわれわれの目をそらし不満の源泉を見つめることを妨げている。たとえば、人々は「物価高」を指摘し「生活苦」を口にする。しかし、それは現代人の不満を正しく説明しているであろうか。たしかに物価は上昇したし、生活の苦しさは事実である。しかし、なんと言っても物質的な意味における生活はここ十年の間に確実に、そして飛躍的に上昇して来た。だから、「生活苦」が不満の原因なら論理的には人々の不満は減少すべきであるのに、かえって不満は増大さえしている。現代人の不満は「生活苦」によって説明されはしないのである。

われわれは人間の不幸が物質的な意味における貧困に根ざすものであり、人間が豊かになれば人間は幸福になるという前提を信じている。人によっては、犯罪などの現象を、貧富という形で単純化された社会的要因によって規定されるとみなすことさえ少なくない。おそらく、現在の日本ほど「社会が悪い」という理屈が横行している国は珍しいであろう。それも、だいたい政治的な立場のいかんにかかわらず、生活における物質的要因の強調は存在するのである。現在の体制を批判する人々は、資本主義の欠陥を貧困と不平等を解決することができないところに求めて来たし、保守党の人々もこの批判に呼応するかのように、生活を豊かにすれば人々は幸福になると信じて行動して来た。つまりそれは自明の前提であり、きまり文句なのである。だから、現代人は不満をいだくほどの生活苦が現実になくても、彼がいだく漠然たる不満を生活苦というきまり文句によって説明するのである。

　こうしたきまり文句は古くさくて実体を欠く場合にも、依然として強力な作用を及ぼす。なぜなら、われわれの生活空間はテクノロジーの発達によっていちじるしく拡大した。われわれは、日本の小さな都市で起こっている公害の問題から、中東戦争まで知らされることになったし、それはなんらかの意味でわれわれの生活につながっているのである。しかし、われわれは、こうした出来事を自分の目で見、自分の耳で聞くのではない。それは新聞やテレビを通じて伝えられるものであり、したがって映像でしかない。われわれの住んでいる世界はそうした映像の世界であるし、われわれはそうした映像に即応しながら生活しているのである。そしてそうした映像はわれわれがこの目でその真偽を確かめることができないため、それが古くさいきまり文句であっても実体の乏しい虚像であっても、われわれは影響されることになる。

　より具体的に言えば、われわれは報道機関が報道する飛行機事故や交通事故によって世の中が不安全になったと考える。自民党と社会党の対立の記事を見て国論が分裂していると思う。二、三の収賄の記事を見て、社会が腐敗していると憤慨する。しかし、ニュースというものが、その性質上、いかに例外的な事件を扱うかが忘れられているのである。つまり、この社会は報道機関が伝えるほど乱れた社会ではないことが忘れられる。それだけならまだよい。人々は報道機関が作り上げる映像の世界に住んでいるうちに、いつのまにか報道機関の考えにしたがうようになってしまう。すなわち、新聞が「物価高」を問題にすれば、それこそが現在の問題であると考えてしまう。逆に、より重要な問題があっても、報道機関が問題にしなければ人々はそれについて考えない。実際、街頭録音などで出される意見が、いかに新聞のそれと似ていることであろうか。しかし、それは自分の生活や職業に根ざしたものでないから、根が浅く、変りやすい。

こうして、報道機関はわれわれの耳や目として不可欠なものであり、現代社会においてきわめて重要な役割を果している強力な機関であるが故に、それはまたきまり文句と虚像を通じてわれわれを誤って導く可能性を持っているのである。報道機関は、その力と使命を自覚しなくてはならないし、それと同時に、情報という「媒体」の製作者として、その機能に内在する危険を強く認識しなくてはならない。われわれもまた報道機関を盲信するのではなく、同様の認識を持って報道機関に接しなくてはならない。

実際、これまでわれわれは情報に対してあまりにわずかな注意しか払ってこなかった。その間にそれは、いつのまにか社会を動かす「媒体」として大きな位置を占めるようになった。それは現代社会の運営に必要不可欠のものだからである。しかし、それと同時に、情報という「媒体」もまた、他の「媒体」と同様に注意して使用されるべきものなのである。そのためには報道関係者の自省と自粛だけでなく、一般の人々の批判が必要のように思われる。新聞はそれ自身が批判者ではあるが、それへの批判者も必要なのである。

もちろん、まだわれわれは情報という「媒体」の使い方に慣れてはいない。ほとんどの人はその重要性にさえ気づいてはいない。しかし、その重要性は今後ますます増大して行くだろう。この論文は、それを扱うための理論的枠組の模索として書かれた。しかし、最後に報道機関の力とその危険を考慮して見出されるべき中間点の一例をあげておこう。

それは現代社会の問題点を掘りあて、それに対する人々の議論をうながすことである。そうすることによって、新聞は変化のうしろからついて行って、その犠牲者に対して心理的洗滌作用(カタルシス)をおこなうという消極的な役割から脱し、失われている有効性を取り戻すことができるだろう。また、人々の議論の喚起に重点をおくことによって、「媒体」製作者の危険から身を守ることができるだろう。しかし、これはあくまでも一例である。大切なことは、新聞も社会も大きく変ったことを認識し、新しい視角からその問題を検討することなのである。

(昭和四十一年四月執筆
昭和四十二年十二月加筆)

偉大さの条件

単純、明快な政治認識

吉田茂は偉大な政治家であった。そのことは日本の内外で、広く認められている。彼の業績、彼の政治の方法、そして彼の作り上げた体制については、さまざまな意見が戦わされるであろうし、相当厳しい批判もなされるであろう。そして、吉田茂の施した戦後日本の基本路線はいつか変更されることになるであろう。しかし、彼が戦後日本におけるもっとも傑出した政治家であり、世界的な評価を受けた数少ない日本人の一人であることは変らない。

その場合、彼の偉大さとはなんであったのであろうか。いかなる要因が、彼を堂々たる存在たらしめたのであろうか。それは難しい問である。だから、私は個人的な視角からこの問題と取り組んでみよう。私がなぜ吉田茂に惹かれたかということから考え始めてみよう。

私は彼の言葉に、とくにその単純、明快さに惹かれた。彼の言葉と初めて出会ったのは、日本外交の研究のため外交文書を読んでいるときだった。奉天総領事時代に彼が書いたものや、イギリス大使時代に書いた文書は、私の印象を捉えた。なぜなら、それは他の外交官たちの文書のように、AまたはBまたはCというような提案でもなく、また単なる客観的な事情分析でもなく、ひとつのことを積極的に提案する点で、きわめて明快であったからである。ある意味で、それは単純すぎるところさえあった。たとえば、一九三七（昭和十二）年の状況で、吉田は中国について日英の了解をとりつけることが可能であると考えていたように思われるからである。しかし、少なくとも、彼の文書は他の外交文書のように、読む人を退屈させなかった。その後、私は同じような単純、明快な言葉にあちこちで出くわした。たとえば、昭和十一年、ナチス・ドイツが勃興期にあったため高く評価され、英仏などの民主主義が衰えているように思われて低く評価されていたとき、彼はそれに反対して述べている。

「一体日本の軍部はナチス・ドイツの実力を買いかぶっている。世界大戦であれほど連合軍にたたきつけられ、さらに海外の領土もことごとく失ったのであるから、いかにドイツ民族が偉いといっても、二十年そこらの期間に、英仏、ひいては米国を相手にして、太刀打ちできるほど回復しているはずがない。一方英米は世界にまたがる広大な領土と豊富な資源を持つ。それに永年にわたって培った政治的、経済的の底力というものは真に侮り難いものがある」(『回想十年』第一巻 四四―四五頁)

つまり、彼はドイツが英仏米より弱いと言ったのであり、だからドイツと手を結ぶ愚を犯すなと主張したのである。そしてこの彼の論議の仕方は、当時圧倒的な発言力を持っていた軍部に彼が反対したという事実よりも、さらに重要である。日本人はなかなか現実を現実として直視しない。それを美化したり、精神性などというベールでおおってしまう。しかし、国際政治における決定的な事実は、だれが強いかということであり、国際政治に関する議論は、この事実を事実として認めなければ始まらない。ドイツの興隆と威信に目がくらんでいた人々に対して、ドイツよりも強い国があるのだという単純な事実を突きつけた吉田茂は、まことにあざやかな存在だったのである。

日本がアメリカとの戦いに敗れたとき、彼はこの単純で明快な目で事態を見た。つまり彼は、日本が敗れ、そのために恐るべき困難な状況に置かれているという事実を直視したのである。当時日本人は、敗戦を「終戦」と呼んだり、日本が戦争に負けたのは日本が文化的に劣っていたからだと言って、アメリカの勝利の正当性を自分に言いきかせていた。吉田茂のように敗戦の事実そのものを見つめた人はごく少数だったのである。

この事実認識は、彼の基本的なものの見方と結びついて、ごく基本的なものだけに全力をあげて達成するという戦略を、彼にとらせることになった。第一次内閣においては、麻痺寸前であった経済をなんとか立て直すことが目標となったし、その前に、国民に食糧を与えるために努力しなくてはならなかった。その方法も彼らしく単純にして明快であった。食糧について言えば、供出を確保すると同時にそれでもどうしても足らない分は、アメリカを初めとして外国に依存する以外に仕方がなかった。どう理屈をこねても、足りないものは足りないのである。それ故、彼は、昭和二十一年五月に首相になる前に、マッカーサーに日本の食糧不足に対して援助を与えるよう要請し、約束を取りつけたのであった。

経済復興について、彼が補助金制度など複雑な制度を排撃したのも、同様の単純明快さにもとづくものであった。彼はニュー・ディーラーについて言っている。「これらのニュー・ディーラーたちは本物の社会主義者とまではいわないにしても、一種の統制経済の信奉者であり、人為を以て一国の経済の在り方や動きをどうにでもできると考え、彼らが描いた青写真を基にして、平素の持論を日本で実験してみようという野望と熱意に満ちていたようであった」（『回想十年』第三巻一八一頁）。しかし、日本経済は「人為的な経済規則で縛るよりも、自然の経済法則によって鍛え直さなければならない」（前掲書、九六頁）というのが彼の考えだった。

それよりも、彼は社会不安を鎮め、国民がまじめに働く環境を作り出すことが政治家の任務であり、経済政策の理論を論ずるよりもはるかに重要なことであると判断した。にわかに作られた労働組合の一部が過激化した昭和二十二年、これを「不逞の輩」と極めつけたことは、そのためであった。そして、秩序を保つのが統治者の最大の責任である以上、それは当然の言動であったし、それはかなりの人々を怒らせたとしても、それよりもはるかに多くの人に安心感を与えたのであった。政権を打倒しようとする運動が存在し、社会が混乱しているとき、これに妥協しようとするのはかえって混乱を大きくするだけであることは、古今の歴史が示している通りである。

彼は、日本が国際社会に復帰するに際しても、同様の単純明快さによって基本的な目標を追求した。すなわち彼は、中国の共産化と朝鮮戦争の勃発という極東情勢の変化によって、アメリカが日本を監視すべき旧敵国から友好国に変えて国際社会に復帰させようとしたとき、日本自身が軍事力を持ち、それによってアメリカを助けて欲しいというダレスの要請をことわった。彼は日本の経済がまだ貧しい状況にあるという認識と、日本の生きる道は経済立国の方向にあるという判断から、軍事より経済を優先し、その基礎として日米安保条約を結ぶという行き方をとったのである。

この方式は理論的にはいくらでも批判しうるものであった。一方では吉田茂は結局なしくずしの再軍備をしているという批判がなされた。そして、それは憲法第九条の文面から見て、かなり根拠のある議論だったのである。しかし彼は、憲法の成立過程から見てそれを金科玉条視することはおかしいと思っていたし、それに国際社会においてまったく軍備を持たないことは可能でもなければ意味もないと考えていた。そして、その延長である全面講和論についても、それが現実にありえないことであり、不利益であるとみなしていた。吉田茂は私の問に答えて「全面講和などというものが今までにありますか」と述べたが、たしかに歴史的に見る限り、彼は誤っていない。米ソ中がすべて合意する平和は、日本にとってこの上なく不利益な平和を意味するというのは、国際社会の常識なのである。

他方で彼は、講和後、日本ははっきりと憲法を改正して再軍備すべきであるという立場の人々からも激しく攻撃された。そして、この批判は理論的には完全非武装論と同じように、よりすっきりした議論であった。しかし彼がもし憲法改正論に従っていたならば、池田＝ロバートソン会談などにおける、アメリカの再軍備要求をことわることはより困難であったろうし、したがって、日本の経済はこれほど発展しなかったであろう。自衛隊が憲法第九条に違反しているのではないかという疑念を生み出したのは少なからざる犠牲ではあったけれども、彼は日本の経済を発展させるという目的を重要視し、そのために払ってもよい代価と考えたように思われる。この場合も、彼は基本的な目標に目をつけ、他のものを犠牲にしてもその達成を図ったのである。

統治者と被治者の区別

しかしもっとも重要なことは、彼が基本的目標と考えたものを頑固に追求することによって、日本の対外政策にひとつのスタイルを与えたことである。人間の場合でも、自分の生き方をはっきり押し出さない人は、他人にその個性を印象づけることはできない。結果は同じことをしていても、あちこちに気を遣いながら生きるのでは、その人の生き方が浮かび上ってこない。国家の場合も事情は変らない。おそらく、戦後の日本の政治をあずかった者は、だれでも吉田茂とあまり変らないことをしたであろう。経済の復興と発展にその主な注意を集めたにちがいない。しかし、それを断固としておこなうのと、周囲の諸勢力に押されながらおこなうのとでは、人々に与える印象がまったく異なるのである。前者はひとつの生き方を作り出し、後者はその日暮しに終わってしまう。吉田茂は、ほとんど選択の余地のない困難な状況に置かれながら、なおかつ自己を主張することによって、ひとつの生き方を作り出すことができたのであった。

そして、彼が戦後の日本にひとつの生き方を与えることができたのは、他の人が直視しえなかった現実を直視し、その課題と取り組んだためだけではない。そこには彼の政治哲学も作用していたのである。

まず、彼は私が商人的な国際政治観と呼んだものを持っていた。すなわち、彼は国際政治において、経済のつながりの持つ意味をきわめて重要視した。彼は、一国の外交は軍事力によって自国の利益を守ったり、自己の意思を他国に押しつけたりすることではなく、経済の相互利益の網の目を作り上げ、それを操作することによって、自国の利益を守ることにあるという認識を持っていた。彼は「外交と金融とはその性質を同じうする。いずれもクレディット（信用）を基礎とする」という言葉が好きであったし、日本の経済的利益から見て、英米との友好を重んずべきことを確信していたのである。

次に、彼は政治一般について自由主義の哲学を持ち、それにもとづく政治家の責任感を持っていた。すなわち、彼は国民の自由が保障されていて政府を批判することができ、もし不満があれば政府に対して「否」という権利を持っていることが、政治体制にとってもっとも必要であり、そしてほぼ十分な条件と考えていた。日本では、リベラリズムは特殊のニュアンスを持ち、大正時代の遺物として片づけられるか、あるいは民主主義との区別をつけずに安易に使われているけれども、萩原延寿（はぎわらのぶとし）が述べているように（『毎日新聞』昭和四十二年十月二十一日）、自由主義と民主主義の間には重要な相違が存在するのである。私の見るところ、自由主義は統治者と被治者の区別を認めて、被治者には一定の権利を保証し、統治者には一定の責任を要求することにある。一般国民の政治への直接の参加は例外的なこととして、政府のある行為の拒否を表明するようなときしか現われない。これに対して、民主主義は統治者と被治者の同一性を重要視する。それはまさしく「人民の、人民による、人民のための政治」なのである。

そして、民主主義にはそれなりに秀れたところもあるけれども、同時に大きな欠点も存在する。ひとつには、それは統治者に対して人民に密着することを要求するため、ときとして国民をおだて、操作する煽動家と独裁者を生み出す傾向がある。国民の多くが政治に参加するようになった二十世紀が、多数の独裁者の出現を記録して来たことは、決して偶然ではないのである。第二に、それは統治者と被治者の責任をぼかしてしまう。統治者は民衆によって選ばれた代表であるから、自己の行為を「選挙民の名において」正当化する。選挙民の意思には逆らえないと述べて、国益に合致しないこともおこなう。これに対して、多数の人間の雑多な集りである選挙民は、責任を持ちうるわけはない。こうして、統治者は選挙民に、選挙民は統治者に責任をなすりつけ合うことが起こるのである。それは現在の日本ではあまりにも日常的なこととなってしまった。

吉田茂は、民主主義のこの二つの欠点を認識していた。まず、彼は煽動家がなによりも嫌いであった。彼が一番嫌いであった外国の政治家ムッソリーニとスカルノは、ともにその範疇に入るのである。次に、彼は、統治者はその行為を国民の名において正当化したり、弁解してはならないと考えていた。統治者は統治者として必要なことをやるべきであるというのが彼の考えだった。私はかつて吉田茂に、「貴方は民主主義的でなかったと言われていますが、どう思いますか」と聞いた。そのとき吉田茂は「私は自分の思うところをやっただけだ」と答え、民主主義は理論としてはよいが、愚民におもねる政治家が出現するのが困りものだと付け加えたものである。彼の責任感は、こうした民主主義の批判の上にあったたし、それはかつてバークの述べた有名な言葉によって表現されうるものであった。「私はブリストルから選ばれた議員だが、ブリストルの議員ではなくイギリスの議員である」。

そして、吉田茂が統治者と被治者の同一化の必要を感じず、国内に意見の対立があっても気にしないという政治観の持主であったことは、ナショナリズムに対する彼の考え方に影響を与えた。すなわち、彼は日本人として強いナショナリズムを持っていたけれども、別にそれに崇高な精神的な価値を与えようとはしなかったのである。彼は、日本人が日本のあり方を決めることができること、すなわち自己の運命を他人の手に委ねず、自分で形成しうることを必要と考えていた。しかし十九世紀のドイツ人や戦前の日本人が（そして今なお左右両翼の多くの日本人が）しているように、ナショナリズムに超越的な価値を与えなかったのである。かつてアクトン卿は、ある程度の自決の権利で満足するナショナリズムをホイッグ的ナショナリズム、それに超越的な価値を与えようとするものを大陸的ナショナリズムと呼んだが、吉田茂のナショナリズムは明らかに前者であった。

それというのも、彼が国民を動員することを必要と感じるどころか、嫌悪していたためなのである。それは彼に主権についての柔軟な考えを与え、国際的な交流を重んじさせた。彼が、第二次世界大戦後の国際政治において、アメリカとの間の条約に安全保障の支柱を求めることにためらいを感じなかったことには、こうした彼のナショナリズム観が作用しているように思われる。

たしかに、防衛を他国に依存することはある程度行動の自由を減ずるけれども、完全な行動の自由を持っている国などというものは元来は存在しない。彼はそう考えていたのかも知れない。

模倣者の危険

われわれは吉田茂が日本の対外政策にひとつのスタイルを作り上げたことは評価すべきであっても、しかし、そのスタイル自身を高く評価しすぎてはならない。またわれわれは、彼がその行動の背後に確固たる哲学を持っていたという事実は認識すべきであるけれども、その哲学そのものを礼讃してはならない。つまり、われわれは吉田茂が大きな業績をなしとげた立派な人間であったことを認めるべきであるけれども、それを「吉田体制」にまでたかめてしまってはならない。ひとつには、それはあくまでも敗戦後の日本という異常な時期の産物であった。彼が経済復興と発展に日本の生きる道を見出したのは、それ以外に可能な方策がなかったからである。しかし、政治家の任務が経済発展につきるものではなく、豊かな国家がよい国家であり、偉大な国であるとは限らないことは言うまでもない。なぜなら、国家は利益の体系であるだけでなく、力の体系であり、そして価値の体系である。豊かになること、強くなること、そして文化が栄え国内社会において正義がおこなわれること、これらはそれぞれ国家をよくするための目標であり、そのひとつが達成されたからと言って、その国家が立派になったとは言えない。

それ故、この三つの体系の間の関係は昔から、思想家や歴史家がくり返して問題にして来た。

なぜなら、これらの目標はしばしば相互に矛盾する。あるひとつの部門において秀れることが他の部門における堕落をもたらすことは、きわめて普通のことなのである。たとえば、豊かになることの危険は、近代以前の思想家にとっては、共通の認識であった。よく知られているように、プラトンは人間が生きるための最小限の必要以上のものを求め始めるや否や、とりつかれたように富を追求する狂熱の時期、すなわち道徳的な堕落が始まると考えた。そしてそれは、彼がアテネなど、当時のギリシアの都市国家において実際に見たところの現象なのであった。この道徳的な堕落はしばしば、その国家を軍事的に弱体化させた。戦闘における人的要素の占める比重が大きかった時代において、人々が懦弱（だじゃく）になることは、当然その国を弱くさせたのである。こうした認識は、十八世紀の末になっても、ルソーにおいて依然として見られるのである。そして、道徳的な堕落をともなうか否かは別として、富の追求においては断然他国を圧していたカルタゴが滅亡したことは、あまりにもよく知られた事実である。

もっとも近代に入ってから、とくに産業革命以後は、豊かになることへの懸念はほとんど見られなくなった。おそらくそれは、近代文明の出現によって、戦闘における人的要素の占める比重が減少し、工業力、すなわち富が大きな比重を占めるようになったことと、社会の世俗化のために住民の欲望が物質的なものになったことによるものと思われる。つまり、豊かになることは強くなることとなった。そして、分配の面にだけ留意すれば、豊かになればその国家は国民に対してより大きな満足を与え、その支配への正当性を獲得することができるようになった。こうして、経済発展、富国強兵、国民総生産、国民所得などが、多くの国の国家目標となったように思われる。

しかし、それによって国家を構成する三つの体系の関係の問題は解決されたわけではない。豊かになることが価値体系に好ましくない影響を与えるのではないかという問題は、依然として残っている。また戦後の日本のように、豊かにはなるが強くはならないという生き方、すなわち、経済中心主義がいったい可能なのかどうかという問題が存在する。戦後日本の政治は、経済発展に対してほぼ排他的に注意を集中して来た。それは理論的に見て、きわめて特異な現象であることは間違いない。

吉田茂の業績を「吉田体制」にまでたかめてはならない、より重要な理由は、ある生き方の模倣には危険がともなうということである。ひとつの政治のやり方は、原則とともに、それへの例外への認識によって初めて成立するのに、模倣者（エピゴーネン）は例外のほうを忘れてしまうからである。実際、吉田茂自身、経済関係にだけ力を集中して対外関係を営むことができるとは思っていなかった。たしかに彼は、経済関係を重要と考えていた。それによって彼は、国際関係を相互の利益の計算と妥協の上に築こうとする見方の持主であった。しかし、国際関係には、計量しうるものと同時に計量しえないものがあり、妥協しうるものと同時に妥協しえないものが存在する。それを吉田茂は知っていた。

「『経済中心主義の外交』なんてものは存在しないよ」という言葉を、私は吉田茂の口から聞いたし、同じような言葉を聞かされた人は少なくないはずである。彼は、昭和二十五年にはダレスの再軍備を断固として拒否したが、いつまでも日本の防衛をアメリカに大きく依存しようとは思っていなかった。彼があとから、能力に応じ、必要に応じて武装すべきであると説いたことはよく知られている事実である。経済を重要視する外交は、経済以外の分野に対する認識をともなって初めて成立するのである。

同じことは、彼の基本的な政治哲学である自由主義についても言えるであろう。たしかにそれは、国民に甘い言葉をささやきながら、責任をとらないという民主主義者の陥し穴から彼を救った。しかし、彼には明らかに貴族主義的なところがあった。一人よがりとなり、独断的になるところがあった。そして、日本はともかくとして、自由主義と貴族制度が表裏一体であり、同じ危険を持つことは世界の政治学の常識なのである。統治者に統治者としての地位を認める制度は、責任の所在を明確にし、リーダーシップを発揮することを可能にするけれども、その反面、世論から離反する危険を持っている。実際、それが吉田茂の辿った運命であった。

それに、国民を被治者にとどめておくだけでなく政治に参加させることは、好むと好まざるにかかわらず、現在の政治における必然である。国民は政治家に対して、おこなわれている政治が「われわれの政治」であることを要求するし、政治家が「われわれと同じ奴」であることを希望する。しかし、吉田茂にはそれができなかった。たしかに、彼は大工さんや魚屋さんのような一般庶民に人気があったけれども、それは彼が「私は貴方がたと同じです」という顔をしなかったからであり、だれにでもできる芸当ではないのである。それには危険がある。

しかし、彼が民主主義の礼讃者ではなかったが、しかも人気があったことは、われわれに永遠の問を投げかけている。すなわち、国民は「われわれの政治」を欲しながらも、指導者らしい指導者、リーダーシップを持った政治家を要求するのである。明らかに国民は贅沢で矛盾した要求を持っている。かつてドゴールは、「フランス人は二人の王がいて初めて満足する人種だ。一人は讃えるため、他の一人はけなすため」と述べたが、しかし、彼がこの言葉を苦々しくは述べなかったように、立派な国民は政治家に対して矛盾する要求をする贅沢な人々なのである。統治の必要と、政治を民衆化してゆく必要、われわれはこれからも、この二つの要請のジレンマに悩むことであろう。

彼のナショナリズム観もまた、同じような態度で扱われなくてはならない。それは基本的に正しい考え方である。実際、ナショナリズムに精神的な価値を与えない彼のナショナリズム観は、経済中心主義や自由主義よりもはるかに重要なものである、と私は思う。現在の日本においては、左右のいずれにも、ナショナリズムに対して、精神的な価値を与えようとする動きが見られるからである。非武装を真実に可能と思い、それに世界史的な意義を与えようとする人々は、その一例である。また資本自由化に対する反撥にも、狭いナショナリズム、すなわちナショナリズムを至高のものとする気持が認められた。そして、核拡散防止条約に反対し、主権平等を要求する人々のなかにも同じ気持がある。彼らはすべて独立のために独立を要求しているのにすぎないのである。現実の政治の立場から言えば、日本に資本が入ってくることは、それだけ日本の将来性が買われているということではないか。核防条約ができて米ソ関係がいっそうよくなり、またできたばかりで国内が混乱している無責任な国が核兵器を持たなくなることほど、日本にとって望ましいことがあるだろうか。

今後ナショナリズムに精神的な価値を与えないことこそ、われわれのもっとも必要とすることなのである。いったんナショナリズムを崇高化すれば、それは絶対のものとなり、それ自身が目的となり、したがって妥協不可能なものとなってしまう。それにもかかわらず、ナショナリズムがその根底に非合理的なものを持っていることは否定しえないのである。それは現在のように相互依存の強い世界においては、かつての部族意識のようなものだと言えるかも知れない。しかし、それはわれわれの心のなかにあるのだし、それが日本という国家を形成しているのである。独立心は個人にとっても国家にとっても必要である。そして独立心とは他の人々の動きのままにはならないということ、すなわち意地のようなものなのである。それは絶対的なものとなる契機をうちに秘めている。

偉大さの源泉

こうして、吉田茂の業績とその政治哲学は、多くの但書をつけて承認されなくてはならない。なぜなら、政治は技術である。人間が現実に持つ選択はまことに限られている。しかし、人間は現実の可能性にしばられずに、理論的には無数に存在する可能性に目を向けるべきであり、そうした可能性が現実の選択の対象となるように努力してゆかなくてはならない。国際関係において、軍事よりも経済を重んじ、対決よりは妥協を選ぶのは立派な生き方である。しかし、われわれは計量しうるものと同時に計量しえないもの、妥協しうるものと同時に妥協しえないものを認識していなくてはならない。同じように、統治者の責任と世論の尊重、独立心の必要とそれに超越的な価値の装いを与えたいという気持への抵抗、政治はこうした矛盾したいくつかの要請にいかに対処するかという技術なのである。当然、それらの問への答は時代によって異なるし、おそらくひとつではないであろう。吉田茂の業績を「吉田体制」にまでたかめてはならないことの基本的な理由はここにある。

われわれが彼から学ぶべきであるのは、彼の作った体制ではなくて、彼が体制を作ったということである。とくに、あの激動の時代において、まったく微々たる国力にもかかわらず、彼がひとつの生き方を日本に与えることができたという事実である。こうして、われわれはふたたび、吉田茂の偉大な条件に立ち戻ることになる。そしてその理由は簡単である。彼は戦前、戦後を通じて変らなかった。敗戦によって戦前の日本が崩壊し、アメリカという改革者が入って来て、大多数のものが新しくなり始め、大多数の人が新しい原則を学び、それにしたがって生きようとしたとき、彼はそれまでと同じやり方で難しい状況に対処していった。その意味で、彼の生き方は近衛文麿と対照的である。近衛は戦後の状況に適応することを考えた。天皇制について、天皇は退位して高松宮を摂政とし、国民投票をやって天皇制を確立するのがよいと考えた。そして、吉田茂について近衛は、「吉田君の意識は『大日本帝国』時代の意識だ。これが戦争に負けた日本のこれから先にうまく行くだろうか」と危惧していた。しかし、戦争前の重要な時期に首相として事態に適応しようとした近衛が失敗したのに対して、戦後の重要な時期に自己流を通した吉田茂は大きな業績を残した。

ひとつには、状況に適応しようとしなかった吉田茂は、「いさぎよい敗者」であることができたし、その故にアメリカと対等につき合うことができた。マッカーサーとの信頼関係はそこから生まれたのである。しかし、より大切なことは、彼は状況の変化しつづけるなかを、政治家にとって常識的なことだけに努力を限ることができた。アメリカの協力を得て経済を復興させ、「不逞の輩」と極めつける断固たる態度によって秩序を維持したことは、まったく普通のことであった。単純にして明快な行動は、こうして可能となり、やがて、ひとつの生き方を日本に与えた。彼は附け焼刃の知識が大嫌いであり、その背後には自分のそれまでの生活から得たものへの自信があった。私は彼が核兵器について語った言葉を思い出す。昭和四十年八月のNHKテレビ「わが外交を語る」のなかで、話が日本の防衛と核兵器の問題に及んだとき、吉田茂は答えた。

「核兵器の問題は私にはわかりませんよ。子供のときに習わなかったから。学校で教えてくれなかった」

もちろん、人によっては、吉田茂がこう言って問題をはぐらかしたとみなすかも知れない。たしかに私自身、そのときは「吉田さんにうまく逃げられたな」と感じた。それにもかかわらず、この言葉はなぜか私の頭にこびりついた。その後、ときどき私は、この言葉を思い出し、その意味について考えてきた。今でも私は、その言葉の意味を理解しているとは言えないけれども、しかし、この言葉は今後も私の記憶のなかに残り、さまざまな教訓を与えてくれそうな気がする。

よく言われているように、吉田茂は座談の名手だった。しかしそれは話好きとか、話上手とかいうことではない。まして演説が巧いということとはなんの関係もない。吉田茂の演説が人を感動させるものであったと私は思わないし、吉田茂自身、演説が好きではなかった。彼の言葉は、サロンやクラブやカクテルパーティで輝きを放つものであった。常識的なことだが、クラブやサロンでは、よく話す人物や、議論の巧みな人物を会話上手とは言わない。口数は少なくても、さわやかな印象を与え、頭に残る言葉を吐く人間が会話上手とされ、そして教養ある人物とされて来たのである。日本では大正時代以来、教養という言葉は特殊なひびきを持つようになり、新しい知識を数多く吸収することを意味するようになってしまったし、現に、「新知識」を吸収し、時代の歩みにおくれないよう努力している「モダン」な老人をいくらでも見かけることができる。しかし、真実の教養とは、それまでの生活で得たものに自信を持つが故に、新しい状況などには驚かず、「新知識」にも劣等感を持たず、堂々と自己の生き方を貫く能力に他ならないのである。

たとえば、さきの吉田茂の言葉はこのように受けとることはできないであろうか。「私は核兵器についてては知らないし、今さら附け焼刃的な知識を得ようとも思わない。しかし、私は今までに軍事力が外交においていかなる役割を果すかを、さまざまな機会に教えられてきた。私はそうした基盤の上に立って行動してきたし、それでよいと思っている」。そして、核兵器も兵器である以上、核兵器についての生半可な知識よりも、兵器に関する身についた知識の方が外交を正しく導くことは疑いない。同じように、彼はその行動原則として、彼が幼い時に学んだ漢籍を中核としていた。

「中国人は生活の達人であって、我々が生活していく上で遭遇する大概の経験が漢籍で扱われているし、又更にそういう経験に就いて我々に教えて呉れる。士ハ己（おのれ）ヲ知ルモノノ為ニ死シ、婦ハ己ヲ愛スルモノノ為ニ梳（くしけず）ル、などというような簡単な格言にも、長年この世に生きたものの、と言うよりも、そういう人間が何代も続いた所に生じる智慧に捉えられた、人情の機微が表されている」（『改造』昭和二十五年一月号）

「抽象的な議論は西洋に学ばなければならない。併し漢詩を含めて、我々の日常生活に関することとか、人間と人間との交渉の上でのことならば、何でも漢籍に求められるという気がする」（前掲書）

つまり、彼は老人らしい老人であった。教養主義でない教養を持った人間であった。彼の会話の魅力はそこに生まれた。そしてそこに彼の偉大さの源泉があった。

吉田茂が生きた八十九年は、驚くべき激動の時期であった。彼は明治十一年、藩閥政府と自由民権運動とが激しく衝突している時に生まれた。実際彼は、彼の実父竹内綱が保安条例によって東京の立退きを命じられたので、横浜で生まれている。まだ明治政府の基礎は固まらなかったのであった。それから今日まで日本と世界はなんと激しく変ったことであろうか。日本の政治は第二次世界大戦という大破局を含めて、激しくゆれ動いた。社会生活は「文明開化」に始まっていちじるしく変動し、工業化はわれわれ自身と他人をともに驚かす速度ですすんだ。しかし、吉田茂は変らなかった。彼は同じ生き方を貫き通した。そして、人間とは簡単に変るものではない。実は社会だってそんなに変るものではないのだ。彼は昭和二十四年に次のように書いていた。

「先日、イリア・エェレンブルグというロシアの文学者が、第一次世界大戦中に書いたという詩を読んだ所が、それには、戦争中のことを後世のものは、人々が砲声と弾丸の雨に怯えて暗い生活をしていたと思うだろうが、戦争中にもやはり花が咲き、人々はそれを見て喜びを覚えたのだ、というような意味のことが書いてあった。歴史上の大事件と言ったものは、皆そういうものではないだろうか」(前掲書)

私は、吉田茂の書いたもののなかで、この言葉が一番好きである。

(昭和四十二年十月執筆)

吉田茂略年譜

西暦	年月日	事項
一八七八	明治一一・九・二二	高知の自由党志士竹内綱の五男として生まれる。母は滝子。
一九〇六	三九・七	東京帝国大学法科大学政治科卒業。
	九	外交官および領事官試験合格。
	一一・一五	領事官補に任ぜられる。奉天在勤となる。
一九〇九	四二・六	牧野伸顕の長女雪子と結婚。
一九二五	大正一四・一〇・一九	奉天総領事となる。
一九二八	昭和三・七・二四	外務次官となる。
一九三〇	五・三・六	駐イタリア大使となる。
一九三二	七・一二・一九	待命。その間、昭和九年一〇月から一〇年二月まで欧米各国を外相特使として視察。
一九三六	一一・四・一〇	駐イギリス大使となる。
一九三九	一四・三・二〇	外交官生活を終わる。
一九四五	二〇・四	近衛文麿を中心とする和平工作が憲兵隊によって探知され、吉田は憲兵隊に拘置される（六月釈放）。
	九・一七	東久邇宮内閣の外務大臣となる。
	一〇・九	幣原内閣成立。外務大臣に再任。同年一二月、貴族院勅撰議員となる。
一九四六	二一・四・一〇	総選挙。鳩山一郎を総裁とする日本自由党が第一党となったが、鳩山一郎は追放となる。
一九四六	昭和二一・五・一五	老政客古島一雄の斡旋で鳩山一郎の依頼をうけ、自由党総裁就任を受諾。

	五・二二	第一次吉田内閣成立。
	八・五	朝日新聞社世論調査の内閣支持率、三二・三%。
	一〇・二一	自作農創設特別措置法公布（これによって農地改革が行なわれた）。
	一一・三	日本国憲法公布。
一九四七	二二・一・三一	マッカーサー元帥、二・一ストに中止を命令。
	二・二三	朝日新聞社世論調査の内閣支持率、二八・四%。
	五・八	第一党となった社会党の片山委員長と会談、政局を収拾することを要望。
	五・二四	片山内閣成立。
一九四八	二三・二・一〇	片山内閣総辞職。
	三・一〇	芦田内閣成立。
	一〇・七	芦田内閣、昭和電工疑獄事件のため総辞職。 この後、後継首班をめぐり、〝山崎首班挙国連立内閣〟が企てられるが、吉田茂の頑張りで失敗し、第二次吉田内閣成立（一〇・一五）。
一九四九	二四・一・二三	総選挙。民自党は二六四名と過半数を獲得。政局は安定に向う。
	三・七	総司令部顧問ドッジ公使から日本経済安定策を明示。これによってインフレの日本の竹馬経済は足を切られることになる。
	八・一七	松川事件。この頃、平事件（六・三〇）、下山事件（七・一三）、三鷹事件（七・一五）など多い。
	一〇・一	中華人民共和国成立。
	一〇・一六	朝日新聞社世論調査の内閣支持率、四三・一%。
一九五〇	二五・一・一	マッカーサー元帥、年頭の辞で「憲法第九条は自衛権を否定せず」との見解を発表。

	昭和二五・六・六	総司令部、共産党中央委員徳田球一以下全員二四名の追放を指示。
	六・一七	ダレス米国務省顧問来日、日本の再軍備を要求したが吉田は断わる。ダレスはその後韓国へ。韓国視察後ふたたび来日。
	六・二五	朝鮮戦争勃発。
	七・八	マッカーサー元帥、「国家警察予備隊」の新設ならびに海上警備力の強化を指令。
一九五一	二六・一・二五	ダレスを団長とする講和使節団来日。講和七原則を中心に日本側と話合いに入る。
	四・三	朝日新聞社世論調査の内閣支持率、四三・三%。
	八・六	鳩山一郎ら追放解除。
	九・八	対日講和条約調印(四九国)、共産圏三国は調印に不参加。日米安全保障条約調印。
	九・二五	朝日新聞社世論調査の内閣支持率、五八%。
一九五二	二七・一・一六	国府との講和条約締結につき、ダレス国務省顧問宛吉田書簡(二六年一二月二四日付)を発表。
	三・六	朝日新聞社世論調査の内閣支持率、三三%。
	五・一	〝血のメーデー〟事件。
	八・一	保安庁発足。首相が長官を兼任。
	八・二八	突如衆議院を解散。
	九・一九	朝日新聞社世論調査の内閣支持率、二〇%。
	一〇・二四	吉田首班指名。
一九五三	昭和二七・二・二八	池田通産相「倒産自殺もやむをえない」と放言し、池田通産相不信任案、衆

一九五三		議院で鳩山派二五名の欠席戦術のため可決。池田通産相は翌二九日辞任。
	二八・二・九	朝日新聞社世論調査の内閣支持率、二七%。
	三・一四	鳩山派二二名自由党を離脱。吉田内閣不信任案可決。衆議院解散（いわゆる〝バカヤロー解散〟）。
	四・一九	総選挙。左右両派社会党が伸び、自由党は減少して過半数は得られなかったが、第一党は確保。
	五・二一	第五次吉田内閣成立。
	一〇	池田＝ロバートソン会談でアメリカ側は日本の自衛力増強を要請。日本側はこれを断わる。
一九五四	二九・四・二一	佐藤幹事長の逮捕請求に対し、犬養法相は検察庁法第十四条に基づく指揮権を発動。
	五・一六	朝日新聞社世論調査の内閣支持率、二三%。
	六・三	国会会期延長を阻止せんとする左右両派社会党議員らは衆議院議長の入場を妨害し、乱闘事件となる。このため吉田首相は外遊の出発をいったん六日延ばしたが、のちさらに無期延期とする。
	九・一	アメリカをはじめ西欧諸国を歴訪。
	一一・一六	「日本民主党」結成。総裁鳩山一郎、副総裁重光葵、幹事長岸信介。
	一二・七	内閣総辞職。前後七年二カ月の吉田政権はここに終焉。
一九六三	三八・一〇・二三	衆議院解散。吉田茂は立候補せず、議員生活から引退。
一九六七	四二・一〇・二〇	死去。

あとがき

少々個人的なことになるが、この書物は二人の偉大な政治家の死の記憶と結びついている。その一人は故吉田茂氏で、締めくくりの論文「偉大さの条件」は同氏を追悼して書かれた。もう一人はケネディ大統領で、最初の論文「宰相吉田茂論」はケネディ大統領の突然の死の前日に書き上げられるという因縁を持っている。長い論文を完成した後の心地よい無為の時間を楽しんで床についた数時間後に、ケネディ大統領の暗殺という暗い知らせで起こされた記憶は今でもあざやかである。その他の論文は、この二つの死によってはさまれる時期に書かれた。

ふり返って見ると、この時期は次々に新しい問題が出現し、それが徐々に蓄積して来た時期であった。一方では、部分核停に象徴される国際政治の小春日和が終わった。ケネディ大統領は第二次世界大戦以後つづいて来た冷戦に終止符を打ったが、それは米ソ両頭支配体制の樹立という形においてであり、それ故、米ソに代って米中の対立が表面化することになったのである。その場合、米ソ両頭支配体制が与える圧倒的な優越を、アメリカが賢明に用いていたならば事情は変っていたかも知れない。しかし、ケネディは彼が作り上げた世界政治の体制を運用する前に死んだ。

他方では、戦後日本の経済発展があらゆる面で日本の社会を変え、新しい問題を生み出した。そのために、国の内外においてその努力を経済にしぼるという二重の意味での経済中心主義が、まず国内で崩れ始めたのである。やがてアジアの緊張の激化と日本国民の自信の回復という二つの事情が外政における経済中心主義をゆさぶり始めた。こうして、経済発展に日本の活路を求めるという戦後日本の生き方を作った吉田茂は、それが池田勇人によって受け継がれ、発展させられ、そしてその成功故に、少なくともかなりの手直しを必要とするようになったのを見て、この世を去ったのであった。戦後二十二年を経た今日、世界と日本が重要な転機にあることは疑いない。

そうした変化を見ながら、そして、新しい困難が蓄積しつつあるのを感じながら、私はこの書物に収められている論文を書いて来た。「宰相吉田茂論」を書いたときには、まだそうした気持は少なかったように思うが、それ以外の論文は転機を明らかに意識して書かれた。また、書物にするため論文に手を加えるに当って、私はそのことを思った。その場合、私の第一の狙いは戦後日本の政治の正しい評価であった。われわれはまず、これまでになされて来たことの意味を探り、現在われわれが持っている資産と負債とを明確にしなくてはならない。過去の誤った評価の上に新しい生き方を築くことはできないのである。とくに吉田茂の外交原則についてわれわれはそれを正しく捉えなくてはならない、と私は思う。私は吉田茂を礼讃したいのではない。ただ、彼の外交政策は、今後いかなる政党が日本の政権を握っても踏襲していかなくてはならないいくつかの原則を含んでいる。彼の外交は日本の利害の目ざとい計算とともに、第二次世界大戦後の国際政治の構造の鋭い認識に根ざすものであったからである。つまり、それは日本国民の共通の遺産なのであり、それを否定することは日本に災いをもたらすものでしかない。

私が取り組んだもうひとつの課題は、世論と政治の関係を明らかにすることであった。なぜなら、それは戦後日本がこれまでに解きえなかった最大の課題である。われわれが持っている最大の資産が繁栄している経済であるとすれば、最大の負債は一般的に存在する政治への不満である。現在の日本においては、政治と世論の間の有機的な連関が欠けている。世論はあまり有効ではない。また、世論は分裂している。そして、日本の現在の諸問題、すなわち、社会資本の充実がおくれているとか、日本が外交においてなにもできないとか、未来に向っての計画が不足しているとかいう現象は、すべてこの欠陥と不可欠に結びついているのである。

しかし、世論と政治の間の有機的な連関を作ることは難しい。それはすべての民主主義において難問であったし、とくに大衆民主主義においてはそうである。まして、日本のように民主主義の歴史が浅いところで、その課題が解かれなかったとしても不思議ではないかも知れない。おそらく、その課題の困難さがはっきりと承認されてこなかったことの方が不思議であると言えるだろう。実際、「世論による政治」という言葉を人々がいかに気軽に振り廻すことか。私はそこに知的な怠惰を感じざるをえない。だいたい、「世論」という一つのかたまりがあるわけではないのである。世論は分裂している。世論はその現われ方によって異なる。それを人々はよく知っているのに、「世論」という言葉を振り廻すようになると、そのような不便な事実を忘れてしまう。私はこの書物を通じて、「世論による政治」が難しいことを忘れないよう努めた。

この書物は、われわれが現在立っている転機そのものについて、日本のとるべき方向を示唆したり、集積しつつある問題の解決策を提示したりしてはいない。ただ、二、三の「妥協的諸提案」が附されているにすぎない。しかし、今のところそれ以上のことをする能力は、私にはないのである。それにこの書物は、その提案においては「妥協的」でも、「世論による政治」という課題の難しさを指摘することにおいては決して妥協してはいない。それは中心的な課題であるし、そして難問を難問として認めることから、知性は作用し始め、やがて問題の解決も可能となる、と私は思っている。

いつもの通り、この書物も実に多くの人の助けを得てはじめて作られることができた。長いインタービュウに快く応じて、重要な事実を教えて下さった方々、論文の構成などについて貴重な示唆と批判を与えていただいた先輩や友人たち、そして、この書物をまとめるにあたって一々細かいところに気を配っていただいた編集部の方々、数え上げて行けば果しがない。この書物を刊行するにあたって、心からお礼を申し上げたいと思う。

昭和四十三年一月十八日

高坂正堯

中公
クラシックス
J31

宰相（さいしょう） 吉田茂（よしだしげる）

高坂正堯

2006年11月10日発行
2020年7月5日5版

著者　高坂正堯

発行者　松田陽三

印刷　凸版印刷
製本　凸版印刷

発行所　中央公論新社
〒100-8152
東京都千代田区大手町 1-7-1
電話　販売 03-5299-1730
　　　編集 03-5299-1840
URL http://www.chuko.co.jp/

著者紹介

高坂正堯（こうさか・まさたか）
1934～96
国際政治学者。哲学者・高坂正顕の次男として生まれる。京都大学法学部で国際法学者・田岡良一に師事し、卒業後ハーヴァード大学留学。1963年『中央公論』に「現実主義者の平和論」を発表して論壇に登場する。冷戦時代から共産主義国家には批判的で、現実に即した保守政治評価や国際政治観を表明した。専門は国際政治学、ヨーロッパ外交史。主著『海洋国家日本の構想』『国際政治——恐怖と希望』『古典外交の成熟と崩壊』などのほか、業績をまとめた『高坂正堯著作集』（全8巻）がある。

Published by CHUOKORON-SHINSHA, INC.
Printed in Japan　ISBN978-4-12-160093-2　C1231

定価はカバーに表示してあります。
落丁本・乱丁本はお手数ですが小社販売部宛お送りください。
送料小社負担にてお取替えいたします。

■「終焉」からの始まり

――『中公クラシックス』刊行にあたって

二十一世紀は、いくつかのめざましい「終焉」とともに始まった。工業化が国家の最大の標語であった時代が終わり、イデオロギーの対立が人びとの考えかたを枠づけていた世紀が去った。歴史の「進歩」を謳歌し、「近代」を人類史のなかで特権的な地位に置いてきた思想風潮が、過去のものとなった。

人びとの思考は百年の呪縛から解放されたが、そのあとに得たものは必ずしも自由ではなかった。固定観念の崩壊のあとには価値観の動揺が広がり、ものごとの意味を考えようとする気力に衰えがめだつ。おりから社会は爆発的な情報の氾濫に洗われ、人びとは視野を拡散させ、その日暮らしの狂騒に追われている。株価から醜聞の報道まで、刺戟的だが移ろいやすい「情報」に埋没している。応接に疲れた現代人はそれらを脈絡づけ、体系化をめざす「知識」の作業を怠りがちになろうとしている。

だが皮肉なことに、ものごとの意味づけと新しい価値観の構築が、今ほど強く人類に迫られている時代も稀だといえる。自由と平等の関係、愛と家族の姿、教育や職業の理想、科学技術のひき起こす倫理の問題など、文明の森羅万象が歴史的な考えなおしを要求している。今をどう生きるかを知るために、あらためて問題を脈絡づけ、思考の透視図を手づくりにすることが焦眉の急なのである。

ふり返ればすべての古典は混迷の時代に、それぞれの時代の価値観の考えなおしとして創造された。それは現代人に思索の模範を授けるだけでなく、かつて同様の混迷に苦しみ、それに耐えた強靭な心の先例として勇気を与えるだろう。そして幸い進歩思想の傲慢さを捨てた現代人は、すべての古典に寛く開かれた感受性を用意しているはずなのである。

（二〇〇一年四月）

せるという目的を重要視し、そのために払ってもよい代価と考えたように思われる。この場合も、彼は基本的な目標に目をつけ、他のものを犠牲にしてもその達成を図ったのである。

統治者と被治者の区別

しかしもっとも重要なことは、彼が基本的目標と考えたものを頑固に追求することによって、日本の対外政策にひとつのスタイルを与えたことである。人間の場合でも、自分の生き方をはっきり押し出さない人は、他人にその個性を印象づけることはできない。結果は同じことをしていても、あちこちに気を遣いながら生きるのでは、その人の生き方が浮かび上ってこない。国家の場合も事情は変らない。おそらく、戦後の日本の政治をあずかった者は、だれでも吉田茂とあまり変らないことをしたであろう。経済の復興と発展にその主な注意を集めたにちがいない。しかし、それを断固としておこなうのと、周囲の諸勢力に押されながらおこなうのとでは、人々に与える印象がまったく異なるのである。前者はひとつの生き方を作り出し、後者はその日暮しに終わってしまう。吉田茂は、ほとんど選択の余地のない困難な状況に置かれながら、なおかつ自己を主張することによって、ひとつの生き方を作り出すことができたのであった。

そして、彼が戦後の日本にひとつの生き方を与えることができたのは、他の人が直視しえなかった現実を直視し、その課題と取り組んだためだけではない。そこには彼の政治哲学も作用していたのである。

判断から、軍事より経済を優先し、その基礎として日米安保条約を結ぶという行き方をとったのである。

この方式は理論的にはいくらでも批判しうるものであった。一方では吉田茂は結局なしくずしの再軍備をしているという批判がなされた。そして、それは憲法第九条の文面から見て、かなり根拠のある議論だったのである。しかし彼は、憲法の成立過程から見てそれを金科玉条視することはおかしいと思っていたし、それに国際社会においてまったく軍備を持たないことは可能でもなければ意味もないと考えていた。そして、その延長である全面講和論についても、それが現実にありえないことであり、不利益であるとみなしていた。吉田茂は私の問に答えて「全面講和などというものが今までにありますか」と述べたが、たしかに歴史的に見る限り、彼は誤っていない。米ソ中がすべて合意する平和は、日本にとってこの上なく不利益な平和を意味するというのは、国際社会の常識なのである。

他方で彼は、講和後、日本ははっきりと憲法を改正して再軍備すべきであるという立場の人々からも激しく攻撃された。そして、この批判は理論的には完全非武装論と同じように、よりすっきりした議論であった。しかし彼がもし憲法改正論に従っていたならば、池田＝ロバートソン会談などにおける、アメリカの再軍備要求をことわることはより困難であったろうし、したがって、日本の経済はこれほど発展しなかったであろう。自衛隊が憲法第九条に違反しているのではないかという疑念を生み出したのは少なからざる犠牲ではあったけれども、彼は日本の経済を発展さ